EL RAPTO

Francisco Ayala

Student Edition

Edited by Phyllis Zatlin Boring

Rutgers University

Harcourt Brace Jovanovich, Inc.

New York   Chicago   San Francisco   Atlanta

Cover drawing by Meryl Sussman.

El rapto

© 1966 by Francisco Ayala

Introduction, notes, exercises, and vocabulary © 1971 by
Harcourt Brace Jovanovich, Inc.

ISBN: 0-15-522435-2

Library of Congress Catalog Card Number: 78-145419

Printed in the United States of America

PREFACE

This Student Edition of *El rapto* is intended as a reader for intermediate Spanish courses. Because of its brevity and its relatively easy style, the text can be covered in a reasonable length of time. Aside from developing the reading skill, it can also serve to introduce students to the novelistic genre in Spanish literature.

Written by Francisco Ayala, one of the major figures of contemporary Hispanic literature and an outstanding stylist, *El rapto* is rich in topics for class discussion: the economic problems of Spain today, the exodus of Spanish laborers to West Germany, the cultural problems of the small town, the generation gap. Based on an episode from *Don Quijote, El rapto* also provides the instructor with a bridge between social problems of the present day and traditional themes of Spanish literature.

The text of the novel has been carefully footnoted to clarify difficult words and expressions for the student, and a complete vocabulary is provided at the back of the book. The novel is divided into six sections, each followed by a *cuestionario, temas,* and several oral and written exercises designed to expand the student's vocabulary. Items used to present the exercises have previously appeared in the reading; wherever possible, the drill lines have also been taken from the text.

I wish to express my sincere appreciation and gratitude to Professor Francisco Ayala, who generously consented to read the completed manuscript and whose many clarifications and suggestions were invaluable in the preparation of this edition. I would also like to thank Professor Ricardo J. Aguiar for his thorough and extremely helpful reading of the exercises that accompany the text.

P. Z. B.

NOTE TO THE INSTRUCTOR

The text of *El rapto* is supplemented by a number of aids to the student and the instructor: footnotes, *cuestionarios, temas,* and oral and written exercises. The footnotes are intended to clarify words and expressions not found in Hayward Keniston's *A Standard List of Spanish Words and Idioms* (Boston: D. C. Heath, 1941). Vocabulary items are footnoted only the first time they appear in the text. Whenever possible, the footnotes have been given in Spanish, making use of high-frequency words, cognates, or words that have appeared previously in the text.

The novel has been divided into six sections, following natural breaks in the original text. The sections are more or less uniform in length and may be discussed in one or two class sessions each, depending upon the level of the students. The *cuestionarios* are designed to check comprehension of the preceding reading section; the instructor may use them in class as a basis for discussion, or he may prefer to make up his own questions and recommend that his students use the *cuestionarios* to test themselves at home.

The questions of the *temas* are broader and more sophisticated than those of the *cuestionarios.* They may be used for class discussion or for written assignments.

Two grammatical structures that may present difficulties for the intermediate student are the imperfect subjunctive and the second person plural verb forms. For review of these forms, there is an exercise on the imperfect subjunctive after Section I of the novel and one on the second person plural forms after Section IV.

The other oral and written exercises are primarily designed to expand the student's vocabulary. The types of problems treated in these exercises fall into several categories:

1. Misleading cognates (*pretender, desgracia,* etc.)
2. Formation of words (diminutives, nouns ending in *-eria,* etc.)
3. Distinctions between words often confused by intermediate students (*cuenta* and *cuento, sentido* and *sentimiento,* etc.)
4. Interference from English when an English expression is rendered by two or more expressions in Spanish (to realize, to miss, etc.)
5. Correct expressions for words and phrases frequently guessed incorrectly by students (at first, to expect, etc.)
6. Idiomatic expressions (*estar de vacaciones, por el estilo,* etc.)

The number of vocabulary items introduced in the various sections of the book has been limited, both to keep the class time spent on the exercises down to a feasible ten or twenty minutes per section and to allow the student to concentrate on the expressions presented and hence assimilate them.

As Ayala uses *le,* rather than *lo,* for the masculine direct object pronoun referring to people, this form has been used in the exercises. The instructor should, of course, let his students use the form they are more familiar with.

INTRODUCTION

Novelist and short-story writer, literary critic, sociologist, distinguished professor and intellectual of international stature, Francisco Ayala is undoubtedly one of the outstanding figures of contemporary Hispanic letters. He was born in Granada in 1906 and spent his youth in Spain, except for a period of study in Germany. But since the Spanish Civil War he has lived outside his native land almost all of the time, principally in Argentina, Puerto Rico, and the United States. Ayala and his writings have come to be considered almost as much Latin American as Peninsular Spanish.[1] His works may deal with past eras or with the present, and may portray life in Spain, Latin America, or, more recently, the United States, but throughout them there is a vision of the human condition that extends beyond chronological or geographical limits.

Ayala began his literary career early, publishing his first novel in 1925. By 1930 he had published a number of other novels and stories, collaborated on the *Revista de Occidente,* and associated himself with the group of young writers in Madrid who considered Ortega y Gasset their intellectual leader. During these years of literary activity, Ayala also continued his studies in law and the social sciences; in 1931 he received his doctorate in law and shortly thereafter became a university professor. In exile in Argentina after the Spanish Civil War, he became a professor of sociology and wrote textbooks in that field as well as articles of literary criticism. In

[1] Translations of his short stories appear in both *Great Spanish Stories,* ed. Ángel Flores (New York: The Modern Library, 1956) and *Short Stories of Latin America,* ed. Arturo Torres-Ríoseco (New York: Las Américas Publishing Co., 1963).

1944 he turned again to creative writing, publishing his well-known short story "El Hechizado." Since then he has continued to write fiction, without interrupting his production of literary criticism and sociological studies. He is currently a professor of Spanish at the University of Chicago.

Ayala's Principal Works of Fiction

Although Ayala established himself as a literary figure while still quite young, the work on which his reputation rests today is that produced since 1944. His principal books include *Los usurpadores* (1949), *La cabeza del cordero* (1949), *Historia de macacos* (1955), *Muertes de perro* (1958), *El fondo del vaso* (1962), and *El As de Bastos* (1963). The first of these is a collection of stories from Spain's past. In treating historical themes Ayala was attempting not to escape from present reality but rather to seek the truth relative to our contemporary situation, as he himself explains in his "Introducción" to *Mis páginas mejores*.[2] Indeed, some of the stories reveal the same discord between men that Ayala shows in *La cabeza del cordero*, his collection of stories dealing with the Spanish Civil War.

Historia de macacos, another collection of stories, is the first of Ayala's recent books to be published in Spain; in it there is more satire and irony than in the two previous books. A comic tone, which Ayala compares to Cervantes but many critics relate to Quevedo, begins to dominate in the later works.[3]

Ayala's full-length novel, *Muertes de perro*, shows the corruption behind a dictatorship in an unidentified Central American country, revealing a nightmarish, absurd world in which men live and die like dogs. *El fondo del vaso,* perhaps Ayala's best work, was written as a sequel to *Muertes de perro* but is very different from it. José Lino Ruiz, the main character of *El fondo del vaso,* decides to write a book because, like Don Quijote in Part II, he is afraid that the author of the first part has not accurately reported on the events and characters. While *Muertes de perro* concentrates its satire on political figures, *El fondo del vaso* gives a detailed portrait of one man and, through him, of the society in which he lives.

[2] Madrid: Editorial Gredos, 1965, pp. 13–14.
[3] *Ibid.*, pp. 11–12.

El As de Bastos is a collection of stories that continues in the comic vein. While Ayala's vision of the world has not changed from his earlier stories, these stories do place greater emphasis on sex and scatalogy. The sexual preoccupation is of course one more manifestation of the human condition, which Ayala has so painstakingly and painfully revealed in his work.

El rapto

El rapto was first published in 1965 (Madrid: La Novela Popular) and then appeared, with some slight revisions, as the first work in his *De raptos, violaciones y otras inconveniencias* (1966).[4] The story is ostensibly a contemporary one. In the introduction the author tells of his travels in Germany and his meeting with three young Spanish workers who have gone to West Germany to better themselves economically. The conversation of the four clearly indicates the problems of Spain today and the motivation for leaving Spain to work in Germany. ("¡Qué buen país sería España, si se pudiera vivir allí!" is the repeated lament much like the "¡Dios, qué buen vasallo si tuviese buen señor!" from the *Poema del Cid*). The problems confronting the laborer in a foreign land with a strange language and a different culture are also made clear. The introduction thus situates the narrative in the present and prepares for the story that follows.

Ayala, however, is once again showing that the human condition does not change. "There is," as one of his characters says at the close of one of his stories, "Violación en California," "nothing new under the California sun." Ayala relates the tale of a young man, recently returned from Germany, who fascinates a small Spanish town with his motorcycle, his portable transistor radio, and his flashy clothes. A misogynist, the young man deliberately woos the most sought-after girl in town, elopes with her on his motorcycle, robs her of her money and jewels and, leaving her virtue intact, abandons her. The young man's name is Vicente de la Roca; the direct source of the episode is the goatherd's tale from Chapter LI of the first part of *Don Quijote*.

The goatherd's tale is brief. Eugenio, who relates the story, and another young man, Anselmo, had been the principal suitors of a certain Leandra and have set up a pastoral Arcadia to

4 The revised text is used in this edition.

lament the sad outcome of their courtship. Leandra, the richest and most beautiful girl in the town, had refused to pick a husband, although her father had given her complete freedom to choose between Eugenio and Anselmo. Then Vicente de la Roca, who had left the town at the age of twelve, had suddenly returned from Italy and had become the center of attention with his stories of Italy, his fancy clothes, and his guitar. Finally he had carried Leandra off, stolen her money and jewels, and abandoned her in a cave—without, however, taking from her "la joya que, si una vez se pierde, no deja esperanza de que jamás se cobre." Leandra's father has sent his daughter to a convent, and her ex-suitors have become lovesick goatherds.

Ayala's debt to Cervantes is clear. Not only does he retain the name Vicente de la Roca and the basic outline of the story, but he even has Vicente almost quote Cervantes when he writes of "aquella joya que si una vez se pierde no deja esperanzas de recobrarse jamás." Ayala, however, takes only the broad outline of Cervantes' story and fills in the details himself. The character analyses of Julita, Patricio, and Vicente are his own. The development in the town's attitude toward Vicente—initial suspicion and curiosity followed by widespread acceptance of the newcomer, who is "almost an engineer," and then thorough repudiation after his departure by those who had inwardly resented him all along—is skillfully handled by Ayala but only hinted at by Cervantes. The relationship between Julita and her parents and the inner hostility of the town toward the beautiful and vain Julita and her wealthy family are also elements that Ayala develops beyond the framework of Cervantes' story. Needless to say, the picture of life in a small Spanish town today is also original with Ayala. Using the goatherd's tale as a starting point, Ayala created his own detailed psychological and sociological study.

While elaborating upon these social aspects, Ayala also deepens the literary implications of *El rapto* by closely connecting the novel to other quixotic and pastoral themes. Vicente calls Julita "Dulcinea," thereby characterizing Patricio as a quixotic figure who has blindly idealized his damsel and who must be cured of his illusion. Casting himself in the role of Sansón Carrasco, Vicente determines to bring Patricio back to reality by showing him Julita as she really is—a shallow provincial girl with romantic notions borrowed from the movies and without any real set of values.

Ayala enhances and modernizes the pastoral theme from the goatherd's tale. He deliberately borrows the first line of Góngora's "Las soledades," "Era del año la estación florida," to set the stage for the action of the novel. He also names Julita's suitors Patricio and Fructuoso to rhyme with the famous shepherds of Garcilaso's "Égloga I," "Salicio juntamente y Nemoroso. . . . "Patrico juntamente y Fructuoso."[5] While Patricio and Fructuoso do not establish an Arcadia to lament their fate, they do go hunting together, thereby taking refuge in nature while sharing their sorrows.

On the surface, the author indicates that the story of Vicente and Julita is new and up-to-date: Vicente's family had left the Spanish town because of the Civil War; he has been working in West Germany; he rides a motorcycle. But beneath the obvious, Ayala is ironically telling us that this is the old, old story of the young girl attracted to the mysterious stranger. "Los temas de la novela como los del drama son siempre los mismos. Se vienen repitiendo incesantemente. Los encontramos en la Biblia, en la literatura oriental. Son los temas eternos que surgen de la condición humana."[6] Vicente's arrival is like that of the knight errant in medieval times, but he carries the fair damsel off on a motorcycle instead of a noble steed. His appeal is like that of Cervantes' Vicente, who had also traveled to foreign lands and had brought back to Spain a vision of the world beyond the Pyrenees. He is compared to the *indiano* who, like the heroes of romantic dramas, returned to Spain with the wealth and wonder of the Americas. To the idealistic and naive Julita, Vicente is that handsome stranger who can rescue her from a humdrum life in a little town and carry her off to freedom and adventure. Julita's dream and disillusionment is an eternal story of adolescence.

Like Cervantes, who interpolated short novels in the first part of the *Quijote,* Ayala interrupts the narrative of *El rapto.*

---

[5] The line from Góngora did not appear in the 1965 edition of *El rapto,* and the young men were originally named Manolo and Fructuoso.

[6] Ayala, as quoted by María Embeita, "Francisco Ayala y la novela," *Ínsula,* XXII (1967), 6.

Vicente tells Patricio of his German landlady and her daughter, who had both tried to seduce him. Patricio responds with a similar tale of a Spanish mother and daughter who are rivals for the same man. The two stories serve to reinforce both Ayala's belief that the human condition does not vary from time to time or place to place and Vicente's conviction that women are not to be trusted. It is in large part because of these interpolated stories that the reader accepts the explanation Vicente gives for having abducted and abandoned Julita. His long letter to Patricio at the end of the novel, in which he attempts to justify his actions, is completely consistent with the attitude toward women that he had previously shown to Patricio.

The novel ends without a resolution to the situation. Patricio does not quite know what to do in response to Vicente's letter and he asks for advice from the impetuous Fructuoso. Patricio's lack of decisiveness is characteristic of him. He had hoped Vicente would woo Julita for him and had been totally unaware of what was happening between the two. When Julita disappeared, he was incapable of action. Patricio is most at ease passively lamenting; the novel ends as it must, given Patricio's character.

In *El rapto* Ayala has given a contemporary setting to an eternal myth and in so doing has created an extremely fine short novel, rich in psychological, sociological, and literary themes.

1

PRÓLOGO

Mucho había oído ponderar yo, y mucho había leído también, acerca de la enorme afluencia de obreros españoles, atraídos y absorbidos por la industria de la nueva Alemania democrática; pero hasta ahora nunca había tenido ocasion de ponerme en contacto con algunos de ellos. Cierto es que varias 5 veces, por las calles de ciudades alemanas, tanto como en Francia o Inglaterra, me había tropezado° con grupos de muchachos a quienes no hubiera necesitado oírles hablar para saber desde luego que procedían° de mi propio país. ¿Cómo, sin embargo, abordarlos° y entablar° con ellos una conversación que no re- 10 sultara precaria, forzada, precipitada, extemporánea?

A fines del año 1961 la casualidad° me deparó° por fin un encuentro cómodo, en circunstancias que nos permitieron a mis interlocutores° eventuales y a mí conversar naturalmente. Me encontraba yo durante el mes de noviembre en la histórica 15

---

⁷ **tropezado** encontrado
⁹ **procedían** venían
¹⁰ **abordarlos** acercarse a ellos
¹⁰ **entablar** empezar

¹² **casualidad** coincidencia
¹² **deparó** dio
¹⁴ **interlocutores** personas con
quienes uno conversa

ciudad de Münster, donde había concurrido° a participar en un
congreso sobre el desarrollo económico-social de América Latina,
y ya durante los días que allı estuve me había cruzado, como
otras veces antes en sitios distintos, por la calle, en las oficinas de
5 Correos, con aquellos jóvenes vivaces, alegres, de pantalones
estrechísimos a la moda italiana y esos chaquetones° de gusto
alemán, tan exagerados en su opulencia que seducen la fantasía
de quienes nunca poseyeron nada; jóvenes de manos inquietas y
voladoras° dentro de sus enormes guantes... Y siempre me había
10 dicho: quizás, al visitar una fábrica, podré hablar con algunos de
éstos. Pero ni visité después de todo muchas fábricas, ni en las dos
o tres que visité se me presentaron obreros españoles.

Por fin, terminaban las sesiones de nuestro congreso y se
acercaba la hora de irse. El burgomaestre° de Münster nos había
15 recibido en la sala donde hace más de tres siglos se concertó el
Tratado de Westfalia°, iluminada con candelabros como entonces. "Parecía que estuviéramos velando° el cadáver del Imperio español", susurré° en medio de tanta solemnidad a un
colega venezolano que tenía a mi lado. Y pensé de nuevo en los
20 obreros españoles de la industria alemana: iba a irme sin haber
tenido contacto con ellos.

Y a irme iba ya, en efecto, dos días más tarde. Llegué a la estación un poco antes del tiempo en que debía pasar el tren procedente del norte hacia París. Aún no había amanecido°; la
25 estación estaba desierta. Me entretuve en leer un anuncio,
¡Italiani!°, impreso sobre los colores rojo, blanco y verde, donde
los ferrocarriles ofrecían rebajas° especiales a los trabajadores
italianos para pasar las vacaciones en su patria. No había nadie
en el andén°; lo recorrí° un par de veces para matar la espera y,
30 al cabo, vi aparecer al fondo, cargando su equipaje°, tres personas, dos hombres y una mujer, rubia ésta, corpulenta, muy
joven, inconfundiblemente germánica, mientras que ellos eran

---

¹ **concurrido** ido
⁶ **chaquetones** chaquetas grandes
⁹ **manos... voladoras** *restless, swinging hands*
¹⁴ **burgomaestre** magistrado principal de ciudades alemanas
¹⁶ **Tratado de Westfalia** *Treaty of Westphalia, signed in 1648*

¹⁷ **velando** *holding a wake over*
¹⁸ **susurré** murmuré
²⁴ **amanecido** *dawned*
²⁶ **¡Italiani!** *Ital.* ¡Italianos!
²⁷ **rebajas** descuentos
²⁹ **andén** *platform*
²⁹ **recorrí** caminé
³⁰ **equipaje** *baggage*

sin duda españoles, y más españoles cuanto más avanzaban, con sus pasos menudos° rompiendo la brumosa penumbra°, a cada lado de la muchacha alemana.

Ya estaban cerca de mí, poniendo sus valijas en el suelo, y yo esperaba tan solo oírles conversar para tener pretexto de hablarles; pero no decían palabra. Uno de ellos tomó de la mano a la mujer, y se apartaron del compañero, que se quedó solo junto al montón de maletas y bolsas°. Entonces me dirigí a él, afirmando más bien que preguntándole:

—¿Ustedes son españoles?

—¡Bitte!°—me replicó, sobresaltado°—. Sí, señor; sí, españoles; perdone. ¿Usted también?

Así comenzó nuestro diálogo. Me dijo que era de Salamanca, es decir, de un pueblo cerca de Salamanca (su compañero, madrileño) ; que llevaban ya once meses trabajando en Alemania°; que trabajaban cerca de Münster en una fábrica de pinturas, esmaltes y barnices°, y que ahora volvían a España para pasarse las vacaciones en casa, con la familia. Tomarían aquel tren hasta París, y en París otro para Hendaya°, y al otro día por la noche... Al salmantino se le iluminó la cara de pensarlo. Tenía una cara muy cómica, con los ojillos de mono, interrogantes, bajo el pelo rizoso°, y una expresión como de tierno desamparo°.

La estación seguía desierta. Aún faltaban diez minutos para la llegada del tren. El otro muchacho y su amiga se habían quitado° de nuestra vista, ocultos° tras de una columna; y mientras, haciendo tiempo°, el salmantino y yo conversábamos tranquilamente.

Me dijo que sí, que estaban contentos en Alemania; que para ellos la única dificultad era el idoma°. Verdad es que, en lo

---

2 **menudos** pequeños
2 **brumosa penumbra** *misty half-light*
8 **bolsas** *bags*
11 **¡Bitte!** *Ger.* ¡Perdón!
11 **sobresaltado** asustado, sorprendido
16 **que llevaban... Alemania** *that they had been working in Germany for eleven months*

17 **esmaltes y barnices** *enamels and varnishes*
19 **Hendaya** ciudad francesa en la frontera
22 **rizoso** *curly*
23 **desamparo** *helplessness*
25 **quitado** *withdrawn*
26 **ocultos** escondidos
27 **haciendo tiempo** matando la espera
30 **idioma** lengua

necesario, uno aprendía pronto a defenderse; lo necesario: las rutinas del trabajo, del hospedaje°, de la *gastete* —es decir, la *Gaststätte*°, la fonda—; pero, fuera de esas rutinas, ¡qué idioma imposible! Ciertos individuos, como uno que conocía él, de cerca

5 de su pueblo, tenían la fuerza de voluntad y se pasaban las horas muertas estudiando°; pero para eso hay que tener mucha fuerza de voluntad.

—Las que nos ayudan bastante son las chicas —observó sin malicia, sin alarde°—. Las chicas, sí, tienen bastante paciencia, y

10 nos ayudan.

—Ya veo —respondí apuntando con la mirada hacia el sitio donde estaban, medio ocultos, su compañero y la rubia corpulenta.

—Las muchachas aquí —prosiguió°— piensan que pueden

15 hacer lo que les dé la gana, como los hombres; y tienen razón. Nadie las mira mal° por eso; no es como en España. Después de todo, tienen razón, ¿no le parece a usted?

—Ya veo que ustedes se entienden mejor con las mujeres que con los hombres —concluí para tirarle de la lengua°.

20 —No, si los hombres se portan bien con nosotros; no hay queja°; nos aprecian; son buenos compañeros. Claro está, hay de todo; pero, en general... Fíjese, un día yo me rompo una pierna jugando al fútbol; bueno, me hospitalizaron, como si hubiera sido un accidente del trabajo.

25 —Ocurriría a lo mejor en la fábrica.

—No, ¡qué va!, en un solar°; pero los muchachos me llevaron, y no sé cómo es que se arregló todo; estuve en el hospital veinte días, y...

Con sus gestos y sus inflexiones de cómica ingenuidad me

30 ponderaba mucho el vendaje° que le habían hecho. Aquel vendaje, enorme, complicado y tieso°, le había llamado la atención; se reía, recordándolo: ¡qué vendaje!

De pronto, cambiando de tema, dice:

—Hay que darse cuenta: son un poco raros estos alemanes. Son

---

[2] **hospedaje** *lodging*	[16] **mira mal** critica
[3] **Gaststätte** *Ger.* restaurante	[19] **tirarle... lengua** hacerle hablar
[6] **se... estudiando** estudiaban durante horas enteras	[21] **queja** *complaint*
[9] **alarde** ostentación	[26] **solar** *vacant lot*
[14] **prosiguió** continuó	[30] **vendaje** *bandage*
	[31] **tieso** duro

como son. Conmigo ninguno quiere trabajar en pareja°. Cuando el *master* me dice que busque uno para que me ayude, ninguno quiere. Y, ¿por qué? Pues porque dicen que yo hago las cosas con mucha bulla°. Lo que pasa es que, a los cuatro meses de estar aquí, ya los españoles hacemos el trabajo tan bien como los alemanes, y más de prisa; ellos lo hacen bien, pero... Les molesta lo de prisa que nosotros trabajamos.

Lo ha dicho también sin alarde, sin jactancia°, sencilla y honestamente. De pronto, suelta una risotada° con su boca desportillada°:

—Una vez me hizo explosión la caldera°. El *master,* que estaba al lado mío, salió más lastimado° que yo; y yo, otros quince días de hospital. Pero se comprobó° que la culpa no había sido mía; se pudo comprobar que estaba mal hecha la mezcla, de manera que, ¿qué culpa iba a tener yo?

Llegó el tren, se detuvo. Me apresuré a montar con mi maleta, y ya arriba observé al grupo de los dos españoles y la alemana afanándose° por subir los bultos° de su equipaje, que eran varios. Finalmente, la rubia les alargó° desde el andén una última bolsa, y se hizo atrás para decirles adiós con la mano.

Ya el tren se había puesto en marcha, y los dos jóvenes avanzaban, cargados, por el pasillo° adelante.

—Aquí hay un compartimiento vacío —les grité yo, que había recorrido varios entreabriendo° las puertas.

Entré primero, y ellos me siguieron. El compartimiento no estaba tan vacío como yo había creído; alguien, envuelto° hasta la cabeza, dormía tendido° en uno de los asientos°; y ese alguien se incorporó al sentirnos, estirando° los brazos, quejándose: "¡Ay, madre!"; preguntó: "¿Italianos?"; inquirió: "Yo, *espanich*°"

[1] **en pareja** *as a partner*	[19] **alargó** entregó
[4] **bulla** prisa	[22] **pasillo** *corridor*
[8] **jactancia** ostentación	[24] **entreabriendo** dejando a medio
[9] **suelta una risotada** *lets out a*	abrir
laugh	[26] **envuelto** cubierto
[10] **desportillada** *cracked open*	[27] **tendido** *stretched out*
[11] **caldera** *boiler*	[27] **asientos** *seats*
[12] **lastimado** herido	[28] **estirando** *stretching*
[13] **se comprobó** se confirmó	[30] **espanich** pronunciación española
[18] **afanándose** esforzándose	de la palabra alemana *Spanisch*
[18] **bultos** *pieces*	

—¿Tú eres espanich? —le dijo el salmantino jovialmente—. Pues también nosotros. Anda, majo°, despierta.

Entre tanto, el durmiente ya había bajado los pies al suelo y, sentado, extendía de nuevo los brazos para juntar las manos tras 5 de la nuca°. Era un muchachote alto, fuerte, macizo°, rubio, con unos ojos azules que se abrían, reidores, al salir del sueño.

—Con que espanich, ¿eh? —insistió el salmantino—. Y, ¿de dónde?

—De Sevilla.

10 —Pues, mira, hombre, este señor, aquí, es andaluz igual que tú —le informó, señalándome de lado. Con la charla° del andén nos habíamos hecho amigos. El salmantino se había sentado junto a mí en el banco libre, mientras que su compañero madrileño, después de acomodar° el equipaje, se instalaba, taciturno, en el 15 rincón donde el andaluz había tendo puestos los pies—. De modo —prosiguió con su jovialidad un tanto melancólica el salaman-tino—, de modo que en este compartimiento, ¡españoles todos!, ¡todos espanich! Si quiere meterse algún alemán, lo tiramos por la ventanilla.

20 El sevillano declaró, bostezando°, que estaba muerto de sueño; que había abordado el tren dos horas antes, en Ham-burgo, y que esas dos horas era todo lo que había podido dormir aquella noche.

—Pues ya se te ha acabado el sueño, galán. ¿No ves que está 25 amaneciendo?

Estaba amaneciendo. Tras los cristales se dibujaba°, nebuloso°, el campo lleno de factorías. Todo lleno de factorías, entre la neblina° y el humo°.

Se produjo un silencio. El madrileño, por lo visto, no tenía 30 gana de hablar. El sevillano, frente a mí, procuró —como quien se rasca° la cabeza— arreglar un poco su pelambrera° rubia. Me miraba, caviloso°, de vez en cuando.

—Así, que este señor es sevillano —aventuró° por fin.

---

2 **Anda, majo** *Ok, sport*
5 **nuca** *nape of the neck*
5 **macizo** sólido
11 **charla** conversación
14 **acomodar** arreglar
20 **bostezando** *yawning*
26 **se dibujaba** *was outlined*

26 **nebuloso** brumoso
28 **neblina** niebla ligera
28 **humo** *smoke*
31 **se rasca** *scratches*
31 **pelambrera** pelo espeso
32 **caviloso** sospechoso
33 **aventuró** dijo

—No, granadino —le dije—; soy granadino, pero hace ya mucho tiempo que no vivo allí.

—Y andará por Alemania para negocios.

—Sí, un viaje rápido; pero —le aclaro— yo no vengo de España, no vivo en España: desde hace bastantes años vivo en América. 5

—¡Ah, en América! —exclama—. Por allá todo debe de ser muy distinto. Algún día quisiera yo irme a América.

—¿En qué trabajas tú? —inquiere el salmantino.

—En el campo; yo trabajo en una granja°, cerca de Hamburgo. 10 "Trabajador agrícola", pensé. "Buen salto°, del campo andaluz al norte de Alemania".

—¿De qué pueblo decía usted que es, amigo? —le pregunto.

—De Sevilla misma; no soy de ningún pueblo; soy de la misma Sevilla... Aquí no es como en España, aquí todo está 15 mecanizado; mi oficio es mecánico; trabajo con las máquinas —agregó°. Seguía mi pensamiento, como yo el suyo.

—Y ahora, de vacaciones, ¿eh?

—Pues sí, señor; hace ya dieciocho meses que estoy aquí.

—Esta tarde, en París, y mañana a la noche, en España —pro- 20 clamó jubiloso el salmantino—. ¡Qué buen país sería España, si se pudiera vivir allí!

—¡Que lo digas! Pero...

Hablaron entre ellos de lo que ganaban, de lo que cada cual hacía; de los precios del alojamiento° y de la comida en uno u 25 otro sitio; de los jornales y horas extraordinarias; de los sábados, de los domingos. El que lo necesita, o quiere, siempre puede ganar algún dinerito más.

—Pues yo —dice el sevillano—, la verdad, a nada le hago ascos°. ¿Horas extraordinarias? ¡Vengan! ¿Que por qué no limpio 30 las máquinas, hoy que es domingo? ¡Cómo no! ¡Las limpio! A las cinco de la tarde una buena ducha°, y me voy para la calle hecho un rey, con la cartera° bien repleta. Uno es joven ¿Es que va a tenerle uno miedo al trabajo cuando se es joven? Si lo pagan... 35

---

10 **granja** *farm*
11 **salto** *jump*
17 **agregó** añadió
25 **alojamiento** hospedaje

30 **a... ascos** *I don't turn up my nose at anything*
32 **ducha** *shower*
33 **cartera** *wallet*

8

El salmantino opinó que, precisamente porque uno es joven, hay que vivir. Hay algunos que, cebados por la codicia°, no viven: trabajar y trabajar. Él, no; él vivía. Por supuesto que si uno vive, tampoco va a sobrarle° luego mucho dinero; gastarlo
5 es fácil. Pero uno vive, eso sí; por lo menos, eso; que en España tú no vives aunque eches el bofe°. !Qué va!; en España, ni para mal comer ganas. ¡Qué buen país sería España, si uno pudiera vivir! Aquí, siquiera, vives. Y te respetan. Hay respeto. Aquí, uno es un señor. Hay que disfrutar° algo, cuando se es joven. No
10 digo los que se han dejado allá una familia y tienen que mantenerla; ésos, claro, no pueden nunca darse un gusto, como no sea ése, el de mandarle a la familia la mitad de lo que ganan, privándose ellos de cualquier expansión°. Otros (como aquí, éste) —y apuntó maliciosamente al sevillano, sentado frente a
15 él— vienen a hacer la América en Alemania y regresan hechos unos indianos°... ¿Eh, majo? ¿Cuánto llevas ahí, amarrado° al bolsillo? Ten cuidado, en París, y sobre todo cuando llegues a Madrid, que hay mucho carterista y mucho granuja°.

¡Quítate allá, hombre! —ríe el sevillano, defendiéndose. Se le
20 ríe la cara curtida°, se le ríen los ojos azules; todo él ríe, pensando en la pacotilla que ha hecho°—. ¡Quita, hombre, quita!

—Si está bien; si yo no tengo nada en contra —insiste el otro—. Cada cual sabe lo que le conviene.

Y ya en tono serio:
25 —¿Piensas regresar?

—Pues todavía no estoy seguro de lo que voy a hacer.

—Volverás —le pronostica—. Y, ¡qué remedio! Lo malo es —reflexiona— que no resulta nada fácil entenderse con estos alemanes.
30 —No crea —le arguyo—. Al principio, es natural; pero al cabo del tiempo se encuentra uno con que domina el idioma sin saber cómo.

—No, si no es la cuestión del idioma. Es que son otros gustos,

---

2 **cebados... codicia** *motivated by greed*
4 **sobrarle** *to have left over*
6 **eches el bofe** trabajes mucho; literalmente, se te salgan los pulmones
9 **disfrutar** *enjoy oneself*
13 **expansión** recreo

16 **indianos** los que vuelven a España después de hacerse rico en América
16 **amarrado** pegado, bien guardado
18 **granuja** *scoundrel*
20 **curtida** *tanned*
21 **pacotilla... hecho** *cleanup he's made*

otras costumbres. Yo ni me explico cómo pueden ser así. A nosotros los españoles nos divierte andar con los amigos, salir, armar
barullo°... Pero éstos son unos pelmas°: del trabajo a casa...

El madrileño había estado callado todo el tiempo, distraído,
mirando hacia fuera. Hemos atravesado la región de Essen,   5
hemos pasado Düsseldorf; cae una lluvia finita; y él no ha in-
tervenido en la conversación para nada. Pero ahora tercia°,
interviene con vehemencia, en tono cortante.

—Lo que ocurre es que los alemanes tienen casa; y si un
hombre está casado y contento con su mujer, ¿qué mejor, cuando   10
termina el trabajo, que irse a ver la televisión en casa, muy
cómodo, y con su cervecita° al lado? No es porque sean alemanes;
todo el mundo haría igual, si pudiera. En cambio, ¿qué es lo que
pasa en España? Vuelve el hombre reventado de cinchar°, y no
se encuentra más que problemas y malos humores: que si hay que   15
pagar esto, que si los zapatos ya no aguantan° más, que... Total,
se sale para la taberna de la esquina, pide un litro de tinto°, y se
pone a hablar de fútbol. En España, lo único que se hace es
hablar de fútbol. ¿O no tengo razón?

—Es lo que yo digo —asintió° el salmantino—. España sería   20
un país estupendo si uno pudiera vivir. Aquí, tal o cual detalle
te fastidia°; pero puedes vivir; aquí, uno es alguien.

Ya el madrileño está otra vez mirando más allá del vidrio°,
con la mejilla° sobre el puño° y el codo° en el marco° de la
ventana. Sin duda, supongo yo, la imagen de su rubia hermosota   25
le ocupa la mente.

—¡Despierta, chaval°! —le sacude° su amigo—. Que pasado
mañana estás paseándote por la Puerta del Sol°. Se acabaron las
nieblas, se acabaron las lluvias.

—A ver si te vas a creer tú que en Madrid no llueve también   30

---

³ **armar barullo**   *to stir up a ruckus*
³ **pelmas**   personas pesadas
⁷ **tercia**   toma parte
¹² **cervecita**   diminutivo de **cerveza**
    (*beer*)
¹⁴ **reventado de cinchar**   *dead tired*
¹⁶ **aguantan**   *hold up*
¹⁷ **tinto**   vino rojo
²⁰ **asintió**   afirmó
²² **fastidia**   molesta

²³ **vidrio**   cristal de ventana
²⁴ **mejilla**   *cheek*
²⁴ **puño**   *fist*
²⁴ **codo**   *elbow*
²⁴ **marco**   *frame*
²⁷ **chaval**   *lad*
²⁷ **sacude**   *shakes*
²⁸ **Puerta del Sol**   plaza en el centro
    de Madrid

siempre que se le antoja° —le replica el madrileño. Decidida-
mente, su humor no es festivo.

Pasamos a hablar sobre el viaje que llevan, cada uno. Van
juntos hasta Madrid (y todavía se les agregarán algunos otros
5 por el camino) ; luego, se separan, y...

—Este señor sí que tiene un viaje largo: América.

—Pero con eso y todo, fíjense, puedo estar en mi casa antes
de que lleguen ustedes a las suyas.

El sevillano me pregunta cuánto cuesta el pasaje a Nueva
10 York. Saco mi boleto° y se lo paso. Lo escudriña°, echa cuentas
de equivalencia en pesetas, pondera: "¡Caramba!" Luego, le deja
el boleto al salmantino, que también tiene curiosidad.

—En Estados Unidos —aventura el sevillano— un mecánico
ganará más que en Alemania.

15 —En Estados Unidos —le contesto yo— los jornales son casi
el doble que en Alemania.

—¡Casi el doble!—. Se ríen; y el salmantino comenta: —¡Casi
el doble que en Alemania, y aquí se gana cuatro veces lo que en
España!

20 Discuten jornales, descuentos, el costo de la vida.

—¿A ustedes no les hacen rebajas especiales en el ferrocarril,
como he visto que se las hacen a los obreros italianos? —les
pregunto.

—¿A nosotros? ¡Qué va! No, señor. A nosotros, no.

25 —Yo —informa, voluble°, el salmantino— el año que viene,
en lugar de irme por tren para las vacaciones, volveré a España
en automóvil, como un señor. Un muchacho amigo sale para
allá el sábado con otros dos en su Volkswagen; a mí me ofreció
si quería completar el cargamento°, pero, por no esperar al
30 sábado... Ese Volkswagen fue una ganga°; si uno está al tanto°,
surgen oportunidades. Lo que a mí me gustaría encontrar es un
DKW.

—Sí, hombre, por cierto —apunto yo—, he visto que hay un
modelo nuevo de DKW. Yo ni sabía que vuelven a fabricarlos. Y
35 sí que es un coche bonito. Antes daba buen resultado, pero bonito

---

[1] **se le antoja** se le da la gana	[29] **cargamento** *load*
[10] **boleto** billete	[30] **ganga** *bargain*
[10] **escudriña** mira con cuidado	[30] **está al tanto** está al corriente
[25] **voluble** cambiante	

no era. —Y como observo miradas interrogativas, añado: —Antes de la guerra andaban por España muchísimos, del viejo modelo; pero ustedes, claro, no se acordarán.

El salmantino, con su sonrisa desamparada y cómica, contesta:
—¡Cómo voy a acordarme, si no había nacido!— 5

Y yo pienso: "La guerra de España pertenece a la historia, ya. Este mismo año se han publicado dos o tres historias de la guerra civil española°. Y estos muchachos que trabajan en la industria de la nueva Alemania, todavía no habían nacido."

Hemos llegado a Colonia°: aquí dejo yo el tren. Les doy la 10 mano, y les deseo buen viaje.

—Igualmente —me responden.

Cuestionario

1. ¿Qué había oído el narrador acerca de los obreros españoles en Alemania?
2. ¿Qué dificultad encuentra el narrador cuando quiere conocer a tales obreros españoles?
3. ¿Por qué estaba el narrador en Alemania a fines del año 1961?
4. ¿Cómo se visten los obreros españoles que trabajan en Alemania?
5. ¿Dónde al final tiene el narrador la oportunidad de hablar con obreros españoles?
6. ¿De dónde son estos dos españoles?
7. ¿Qué dice el salmantino acerca de la lengua alemana?
8. ¿Qué dice de las muchachas alemanas?
9. ¿Cómo se entienden los obreros españoles con los obreros alemanes?
10. ¿Qué hace el narrador al subir al tren?
11. ¿Quién estaba en el compartimiento que escoge el narrador?
12. ¿Dónde trabaja el sevillano en Alemania?
13. ¿Qué dicen el salmantino y el sevillano de las horas extraordinarias?
14. ¿En qué son distintas las costumbres de los obreros alemanes y las de los españoles?

⁸ **guerra civil española** *Spanish Civil War (1936–39)*   ¹⁰ **Colonia** *Cologne*

15. ¿Qué relación existe entre los jornales de América, Alemania y España?
16. ¿Por qué no recuerdan estos obreros la época anterior a la guerra civil?

Temas

1. ¿Qué efecto tiene la repetición de la oración "¡Qué buen país sería España, si uno pudiera vivir!"?
2. ¿Qué problemas tiene el extranjero que trabaja en Alemania? ¿Son los mismos problemas que tendría un extranjero en los Estados Unidos?
3. ¿Cómo logra el autor individualizar a los tres obreros españoles que están en el tren?

Ejercicios Orales

I. Repaso de las formas del imperfecto de subjuntivo

A. *Ejercicio de sustitución*

María esperaba que llegaras pronto.

1. (yo)[1] _____ .

2. _____Juan _____ .

3. _____sus hermanos _____ .

4. _____salieran _____ .

5. _____Pedro y yo _____ .

6. _____José _____ .

7. _____(tú) _____ .

[1] No repita los pronombres entre paréntesis.

B. Cambie el tiempo de los verbos en las siguientes oraciones del presente de indicativo y subjuntivo al imperfecto.

EJEMPLO: Es probable que venga.
Era probable que viniera.

1. Es necesario que viajen juntos.
2. Es necesario que estemos juntos.
3. Es lástima que resulte difícil.
4. Es lástima que no puedan ir.
5. Es posible que sean ricos.
6. Es posible que quiera ir.
7. No es cierto que tenga dinero.
8. No es cierto que se lo digamos.

II. Nombres de nacionalidad u origen

Conteste las siguientes preguntas de acuerdo con el ejemplo.

EJEMPLO: ¿De dónde es un sevillano?
Es de Sevilla.

1. ¿De dónde es un venezolano?
2. ¿De dónde es una mexicana?
3. ¿De dónde es un salmantino?
4. ¿De dónde son los granadinos?
5. ¿De dónde es un madrileño?
6. ¿De dónde son los chilenos?
7. ¿De dónde es un andaluz?
8. ¿De dónde es una catalana?

III. LAS VACACIONES

las vacaciones: *vacation*
pasar las vacaciones: *to spend one's vacation*
estar de vacaciones: *to be on vacation*
marcharse de vacaciones: *to go away on vacation*

Conteste las siguientes preguntas de acuerdo con el ejemplo.

EJEMPLO: ¿Pasa el obrero español las vacaciones en su patria?
Sí, pasa las vacaciones en su patria.

1. ¿Va usted a pasar las vacaciones en casa con la familia?
2. En el verano, ¿estarán ustedes de vacaciones?
3. ¿Te gusta marcharte de vacaciones?
4. ¿Pasaron ellos las vacaciones en Italia?
5. ¿Están los obreros de vacaciones?
6. ¿Es caro pasar las vacaciones en la Florida?
7. El verano pasado, ¿se marcharon ustedes de vacaciones?

IV. LLEVAR y HACE con expresiones de tiempo

A. **Hace** + tiempo → **llevar** + tiempo

EJEMPLO: Hace cinco meses que estoy aquí.
Llevo cinco meses aquí.

1. Hace dos años que estoy en América.
2. Hace dos días que está ausente.
3. Hace una semana que están enfermos.
4. Hace cinco días que estamos en Madrid.
5. Hace varias horas que está en la fábrica.

B. **Llevar** + tiempo + gerundio[2] → **hacía** + tiempo

EJEMPLO: Llevaban ya once meses trabajando en Alemania.
Hacía ya once meses que trabajaban en Alemania.

1. Llevaba años viviendo en América.
2. Llevabas dieciocho meses trabajando allí.
3. Llevaba dos horas leyendo el libro.
4. Llevábamos media hora esperando el tren.
5. Llevaba una semana asistiendo al congreso.

Ejercicios Escritos

I. FALTA(N) + tiempo + PARA

Usando la construcción **falta**(n) + tiempo + **para,** escriba nuevas oraciones que tengan el mismo sentido que las originales.

---

[2] En esta estructura con *llevar,* normalmente se elimina el gerundio *estando.* (Vea el ejercicio A.)

EJEMPLOS: Son las seis menos diez.
Faltan diez minutos para las seis.

El autobús llegaría dentro de una hora.
Faltaba una hora para la llegada del autobús.

1. El tren llegará dentro de diez minutos.
2. Las vacaciones empezarán dentro de tres semanas.
3. Eran las cinco menos veinte.
4. El avión llegaría dentro de media hora.
5. La fiesta empezará dentro de dos horas.
6. Son las siete menos un minuto.

II. Correspondencia de palabras

Todas las palabras siguientes corresponden a adjetivos ingleses que terminan en **-ous**, los cuales tienen el mismo sentido de los adjetivos españoles. Escriba las palabras inglesas.

EJEMPLO: extemporáneo
extemporaneous

1. enorme
2. precario
3. vivaz
4. estupendo
5. varios
6. simultáneo
7. tremendo
8. voraz
9. ignominioso
10. serio

2

EL RAPTO

En su formidable motocicleta había llegado como un meteoro a la plaza del pueblo; se había parado delante del bar Anacleto y, dejando la máquina librada a la implacable contemplación de los chiquillos, se había entrado a tomarse una cerveza.

De esto hace ya tiempo. Era del año la estación florida°, un día de trabajo como a las once de la mañana, cuando en el bar no había mucha gente. El Anacleto le sirvió la cerveza sin apenas mirarlo; y luego, mientras que él se echaba un primer trago°, lo inspeccionó a su gusto, pensando: !Vaya pájaro!°; pensando "vaya pájaro" con extrañeza y admiración.

Un grupo de parroquianos° que estaban allí sentados a una mesa —la mesita del rincón, cerca de la puerta— lo inspeccionaban también, extrañados y admirados de su atuendo°. Habían sentido el estruendo° de la moto acercarse, y pararse; y en seguida lo habían visto a él entrar en el bar y pedir cerveza, entrar pisando fuerte° con aquellas botas lustrosas y altas polainas de

---

6 **estación florida** primavera
9 **trago** *swallow*
10 **¡Vaya pájaro!** *What a dandy!*
12 **parroquianos** clientes

14 **atuendo** vestido
15 **estruendo** ruido
17 **pisando fuerte** andando con gran seguridad

cuero°, los estupendos pantalones color avellana° reforzados°
también de cuero, y una chaqueta de badana° negra, larga y bien
entallada° que quitaba el hipo°. Cosa semejante no se solía ver
todavía por esos años si no era en las películas. Desde su rincón
observaron cómo se sacaba el casco° blanco y lo ponía sobre el   5
mostrador° del bar; cómo se sacaba los guantes fastuosos° y los
metía en el casco; cómo se sacaba las enormes gafas verdes y las
ponía sobre los guantes, y cómo, luego, con la mano izquierda,
donde lucía un sortijón°, levantaba el vaso de cerveza, se bebía
un sorbo° ávido y se limpiaba después con un pañuelo a rayas°   10
la espuma° que se le había quedado en el bigotito°.

Los de la mesa habían interrumpido su conversación, y miraban. Uno de ellos se levantó para, disimuladamente, ir a echarle
una ojeada a la moto. Allí fuera estaba, toda reluciente, entre un
enjambre° de chicos. Sobre el sillín°, una maletita linda sujeta   15
con dos correas°.

Entre tanto, el recién llegado le preguntaba al Anacleto:

—Usted es Anacleto, ¿verdad?

—Claro que soy Anacleto —le había contestado el Anacleto.
E indagó° a su vez: 20

—De paso por acá, ¿eh?

—No; ¿qué de paso? A quedarme. ¿Usted no me ha conocido?
Pues yo sí que me acuerdo de usted. Soy Vicente de la Roca.

Dijo que él había nacido allí mismo, en el pueblo, que su
familia era del pueblo: los Roca, ¿no se acordaban?; pues él era   25
sobrino de aquel Pedro de la Roca Gómez que había llegado a
alcalde° con la República° y que luego, ya se sabe. De su familia
no quedaría a lo mejor nadie ya, pero él había nacido en el

---

¹ **polainas de cuero**   *leather leggings*
¹ **avellana**   *hazelnut*
¹ **reforzados**   *reinforced*
² **badana**   *sheepskin*
³ **entallada**   *tailored*
³ **quitaba el hipo**   *took one's breath
   away*
⁵ **casco**   *helmet*
⁶ **mostrador**   *counter*
⁶ **fastuosos**   espléndidos
⁹ **sortijón**   *large ring*
¹⁰ **sorbo**   trago
¹⁰ **pañuelo a rayas**   *striped
   handkerchief*

¹¹ **espuma**   *foam*
¹¹ **bigotito**   *little moustache*
¹⁵ **enjambre**   *swarm*
¹⁵ **sillín**   *saddle*
¹⁶ **correas**   *leather straps*
²⁰ **indagó**   preguntó
²⁷ **alcalde**   *mayor*
²⁷ **República**   Segunda República
   española, proclamada en 1931 y
   en poder al principio de la
   Guerra Civil

pueblo, eso sí, y allí en el pueblo se había criado°; solo que
—lo que son las cosas— su madre tuvo que irse, se fueron todos
para Valencia, y de Valencia a Barcelona. Pero él, catalán no era,
¡qué va! ¿Se le notaba algo de acento catalán? A lo mejor se le
5 había pegado. Aunque donde había estado últimamente era en el
extranjero: trabajando en Alemania. Aquello si, hay que decirlo,
era cosa grande: Alemania. De fabricación alemana era esa moto
suya, y hay que ver cómo se tragaba las carreteras. Muy buena
máquina.
10 El tipo° era simpático, expansivo; era bastante simpático. Muy
pronto su charla se había dirigido no sólo al Anacleto, sino
también a los de la mesita. Los incluyó en la conversación, quiso
convidar a todo el mundo. "Alguno de vosotros se tiene que
acordar de mi, o de mi familia." ¿Ninguno se acordaba? Sí, no
15 faltó uno a quien le pareciera recordar un poco su cara. Y otro,
el Tejera, Patricio Tejera, hasta pretendió° después de un rato
estar seguro de que, entre los chicos de la escuela, hubo un tal
Vicentico, Vicente Roca, que no podía ser otro, claro está. "¿Lo
ves tú? ¡Claro está!", triunfó el recién llegado. Los demás miraban
20 y no decían nada. El Anacleto, hombre de más años —pues los
de la mesa eran todos muchachos jóvenes, como Vicente— asintió: "Sí, sí. Sí." (Y, ¿por qué no había de ser verdad, en definitiva,
lo que aquel pájaro venía contando?)
   —De manera que a quedarse.
25 —Pues sí. Cierto es que en Alemania se gana, qué duda tiene.
Pero, tampoco, es lo que yo digo, ¿para qué quiere uno el dinero
si no puede hacer en la vida lo que le gusta? Bueno; no es que en
Alemania se viva mal, al contrario, aquello es algo serio; para
qué hablar. Pero al cabo del tiempo le entran a uno ganas de
30 darse una vuelta° y ver cómo andan las cosas por acá. España
siempre es España, ¡qué demonio! En España la existencia es
más sabrosa°, se le saca el jugo a° lo poco que uno pueda tener
ahorrado°. Y en cuanto a comidas, ¡hombre!, ahí sí que ni comparación. Alemania estará todo lo adelantada que se quiera, pero
35 donde se pongan unos buenos chorizos de Cantimpalos°, una

---

1 **se había criado**   *had been raised*
10 **tipo**   hombre
16 **pretendió**   *claimed*
30 **darse una vuelta**   hacer un viaje
32 **sabrosa**   agradable

32 **se... a**   *one gets the most out of*
33 **ahorrado**   *saved*
35 **Cantimpalos**   pequeño pueblo
   español famoso por sus chorizos
   (*sausages*)

paella°... ¡España de mi corazón! Para trabajar y ganar dinero, Alemania; quién lo duda; pero... Bueno, les prevengo° que el encargado de la fábrica no quería dejarme ir, y hasta me hizo prometerle que volvería si otra vez me da por abandonar la patria querida en busca del vil metal.   5

Etcétera. Cháchara° interminable. Al sujeto° no le faltaba labia°. Salió con ellos a la puerta del bar para enseñarles la motocicleta, y al Patrico Tejera le ofreció, si quería, que podía prestársela alguna que otra vez°. ¿Sabía manejarla? "Es muy fácil, te prevengo." Con el Patrico se había hecho amigo en   10 seguida. Y, la verdad sea dicha, con todos: era un tipo simpático.

Preguntó dónde podría encontrar alojamiento cómodo y que no fuera a salirle demasiado caro, "pues tampoco uno es un potentado; y además, para todo lo que sea más de unos cuantos días, los hoteles no resultan"; ya estaba harto de° hoteles. ¡A ver!   15 ¿Qué le recomendaban?

Se consultaron con la mirada, y debieron acudir° también a los buenos oficios del Anacleto: el dueño del bar tenía recursos° para todo. Después de alguna deliberación, telefoneó a casa de su cuñada, la viuda de su hermano Dimas, doña Leocadia, que   20 ahora, con el hijo en el servicio militar, disponía de° una habitación sobrante; y así, todo quedó arreglado en un instante.

—Estupendo, hombre. Y muchísimas gracias. Gracias a todos. Hasta luego, vosotros.

Vicente, que ya se había encajado° el casco, los anteojos°, los   25 guantes, subió a la moto y, llevando en ella a un rubito vivaracho para que le mostrara la casa de doña Leocadia, arrancó° con ruido, seguido por el enjambre de la chiquillería hasta desaparecer por una esquina de la plaza.

Pasado un rato, otro de los muchachos, Fructuoso Trías, le   30 preguntó al Tejera:

—Oye, Patricio, dime: ¿es verdad que tú te acordabas de él o lo dijiste por decir?

---

¹ **paella**   plato de arroz con carne, pescado y legumbres
² **prevengo**   advierto
⁶ **Cháchara**   Charla
⁶ **sujeto**   tipo
⁷ **labia**   persuasión
⁹ **alguna... vez**   de vez en cuando

¹⁵ **harto de**   *fed up with*
¹⁷ **acudir**   *resort*
¹⁸ **recursos**   *resources*
²¹ **disponía de**   tenía
²⁵ **encajado**   puesto
²⁵ **anteojos**   gafas
²⁷ **arrancó**   *took off*

—Bueno, mira, yo creo... —vacilaba Tejera.

Pero el Anacleto cortó:

—Que sí, hombre; que sí.

Y no hubo manera de sacarle una palabra más. Era lacónico
5 ese Anacleto. Comentaron:

—La moto que se trae es, desde luego, cosa seria.

—Vaya.

—Y todo lo que se ha echado encima el fulano°. ¿Dónde en-
cuentras aquí nada de eso?

10 —Es que, fuera de España, cualquier infeliz, hasta el último
mono, puede permitirse tales fantasías.

—Mucho equipaje no se ve que traiga.

—¡Qué va! Todo lo que tiene lo lleva puesto. Y eso, aquí,
impresiona, qué duda hay; pero yo te digo que en Alemania,
15 hoy día, cualquiera...

—Ni tanto. No hay que exagerar tampoco.

—No es exageración. Hace una semana...

Etcétera. Discutieron. Y luego, cuando, después del mediodía,
disuelta la tertulia°, cada cual se fue a lo suyo, el que más y el
20 que menos se llevaba una sombra de resentimiento mezclado de
desdén° hacia el sujeto aquél que con tanta bambolla° había
irrumpido° y que seguramente no era más que un pelagatos°.
¿Acaso no lo había declarado él mismo? Con toda ingenuidad.
Era un obrero, pura y simplemente. Que en Alemania se cobra-
25 ban jornales altos, nadie lo ignora. Pero un obrero es siempre
un obrero, por mucho que venga atronando° con la motocicleta,
y por más que presuma de° gafas y guantes. Ellos, acá, no se
pagaban de baratijas tales°, pero —quién más, quién menos—
todos, ¡bendito sea Dios!, todos tenían lo que se dice bien cubierto
30 el riñón°. O si no, ahí estaba, por ejemplo, Fructuoso Trías, que,
con su aire de nada, era ya consocio° en el negocio de ferretería°

8 **fulano** *so-and-so*
19 **tertulia** reunión de personas que
 vienen para conversar
21 **desdén** *scorn*
21 **bambolla** ostentación
22 **irrumpido** entrado de pronto
22 **pelagatos** persona de poca
 importancia
26 **por... atronando** *however deafingly
 he may come*

27 **por... de** *however much he may
 show off*
28 **no... tales** no presumían de tales
 cosas triviales
30 **tenían... riñón** *were well-heeled*
31 **consocio** *partner*
31 **ferretería** *hardware store*

y maquinaria agrícola de su padre; o Patricio Tejera, que por sí
solo se las había arreglado para ser dueño del cine y accionista°
de la fábrica de cemento, y eso cuando todavía no tenía los
treinta años; o Aniceto García Díaz, factótum° en la sucursal°
del banco; u Obdulio Álvarez, con su taller mecánico; o el mismo   5
chato° Sebastián, que, con la broma del medio huevo, quieras
que no... Hasta el Anacleto, sin ir más lejos, aunque ya hombre
mayor... Y ninguno se las echaba de° cosa alguna; nadie pre-
sumía de nada, y por la pinta no se hubiera sacado jamás°...
Pero este pájaro, eso sí, ¡mucho bigotito y muchas polainas!   10
Desde luego, despachaderas° no le faltaban al hombre.

Y no; en efecto, no le faltaba don de gentes° al tal Vicente de
la Roca. Por la tarde, esa misma tarde, bien lavado y descansado,
volvió a personarse en el bar de la plaza, ostentando esta vez una
chaqueta a cuadritos color café sobre pantalón negro y una cor-   15
bata muy vistosa°. En voz alta agradeció al dueño el favor de
haberle procurado tan agradable hospedaje (doña Leocadia era
una señora a amabilísima, persona encantadora de veras), y en-
tabló conversación ahora con otro grupo de clientes donde había
reconocido en seguida a dos de los que estuvieron por la mañana   20
en la tertulia. Le preguntó al Anacleto un par de cosas que necesitaba saber: si, llegado el caso, le sería fácil conseguir allí, en el
pueblo, pilas° para su transistor. Era una radio portátil, último
modelo, una Grundig, lo mejor que se fabrica en Alemania. ¿No
conocían el último modelo de la Grundig portátil? ¡Claro, cómo   25
iban a conocerlo si acababa de lanzarse! Sentía no tenerlo aquí
ahora; pero mañana sin falta lo traería y se lo mostraría a todos
con muchísimo gusto: una preciosidad, ya verían.

En suma, Vicente de la Roca supo hacerse simpático, se congració con° todos en el pueblo, fue considerado como un buen   30
muchacho —quizás algo fanfarrón°, pero de todas maneras un
buen muchacho—, y aun aquellos que, más recelosos° o más

---

2 **accionista** *stockholder*
4 **factótum** empleado importante
4 **sucursal** *branch*
6 **chato** *snub-nosed*
8 **se... de** se jactaba de
9 **por... jamás** *you never would have
    known it by appearances*
11 **despachaderas** *resourcefulness*

12 **don de gentes** *charm*
16 **vistosa** *flashy*
23 **pilas** *batteries*
30 **se congració con** *he ingratiated
    himself with*
31 **fanfarrón** jactancioso
32 **recelosos** cavilosos

reservados, seguían mirándolo con sospecha, al no tener nada en contra suya, se guardaban para sí propios sus aprensiones, sus ojeadas rápidas y sus movimientos de cabeza o gestos de desaprobación. Entre tanto, el recién llegado se incorporó con entera
5 naturalidad al grupo de la gente joven, y no por cierto en el nivel° que, como obrero, hubiera parecido corresponderle, sino que —ya pudimos verlo a su llegada— desde el comienzo mismo empezó a alternar con° la mejor juventud.

Tampoco hubiera sido de esperar otra cosa. En primer lugar
10 (bueno es decirlo), aunque a nadie le gusta remover el pasado, ni hay para qué, no deja de ser muy cierto: la familia a que este hijo pródigo del pueblo por lo visto pertenecía, tuvo en él una posición decente, mucho mejor que la de algunos individuos, hoy prósperos y potentes° gracias a la suerte, al mérito, al ingenio o
15 a lo que sea, pero procedentes de lo más humilde. La verdad es que a consideraciones tales no conviene darles importancia excesiva. ¿Quién le da importancia hoy a consideraciones tales? Y tratándose como se trataba de un chico agradable, comunicativo y espontáneo, de un muchacho que había corrido mundo°, que
20 tenía por lo tanto bastante que contar, y que poseía —a la vista estaba— los medios suficientes para retribuir° atenciones y ponerse a tono, ¿iba a pretenderse que se juntara con los peones y toda esa espesa palurdería°? Luego (había que reconocer la realidad de los tiempos en que se vive), luego un obrero espe-
25 cializado, y nada menos que en Alemania, es casi un técnico, y sin casi; es como un ingeniero. Y en cuanto a ganar... Quizás los fondos° del tal Vicente no fueran duraderos. Si sus recursos resultaban más o menos cortos, cualquiera va a saberlo. Hasta era lo más probable que el día menos pensado° tuviera que
30 volverse a ir por donde había venido con su famosa motocicleta. Pero eso, ¿qué? Si el tipo había querido obsequiarse° con unas vacaciones, darse el gustazo de visitar el pueblo donde había apedreado° perros de chaval, farolear° un poco, divertirse, y

---

6 **nivel** *level*
8 **alternar con** hacerse amigo de
14 **potentes** podersosos
19 **corrido mundo** viajado
21 **retribuir** pagar
23 **palurdería** rústicos

27 **fondos** dinero
29 **el... pensado** cuando menos se espera
31 **obsequiarse** regalarse a sí mismo
33 **apedreado** tirado piedras a
33 **farolear** jactarse

cuando se le hubiera acabado el gas, ¡hale!, salir otra vez pitando°
para Alemania, ¿qué mal había en ello ni a quién perjudicaba°?
Cada cual tiene su propia manera de entender la vida y disfrutar
de lo suyo. No todo ha de consistir en amontonar dinero pasán-
dose la juventud entre afanes° y preocupaciones para, al final de 5
cuentas... En todo caso, nuestro hombre no era de éstos. Muy
alto solía proclamarlo él, y a lo mejor, quién dice que no, tal vez
tuviera razón, ¡qué demonio!

—A mí —pontificaba—, a mí me parece que, ¡hombre!, el
dinero se ha hecho para que circule; gastarlo y disfrutar de él, 10
¿no? Es lo que yo digo: ¿De qué te vale estar trabajando toda la
vida hasta echar el bofe, ni qué vida es ésa si no tienes también
de vez en cuando tus expansiones? —Sonreía con superioridad,
satisfecho de sí mismo; y cuando alguno quería saber cómo se
pasaba en Alemania, donde todo debía de ser tan distinto que 15
aquí, él hacía un vago gesto con la mano y, no sin alguna reti-
cencia°, complaciente y complacido°, contaba cosas.

Cuestionario

1. ¿Cómo y cuándo llega el extranjero al bar Anacleto?
2. ¿Cómo está vestido?
3. ¿Cómo se explica la reacción de la gente en el bar ante la llegada
   del motociclista?
4. ¿Quién es el extranjero y de dónde es?
5. ¿Cómo se hace simpático a los del bar?
6. ¿Por qué volvió Vicente de Alemania?
7. ¿Cómo consigue alojamiento?
8. ¿Qué piensan los del bar del nivel social y económico de Vicente?
9. ¿Qué impresión da Vicente al volver al bar?
10. ¿Cómo se justifica que Vicente, siendo obrero, trate con la mejor
    juventud del pueblo?
11. ¿Qué piensa Vicente del dinero?

[1] **salir... pitando** salir de nuevo a
toda prisa
[2] **perjudicaba** hacía daño
[5] **afanes** trabajo excesivo
[17] **reticencia** verdad a medias
[17] **complaciente y complacido**
complaisant and complacent

Temas

1. ¿Qué relación existe entre esta parte de la novela y la introducción que la precede?
2. ¿Qué sabemos de la vida en un pueblo español por la actitud de la gente ante la llegada de Vicente?
3. ¿Cómo caracteriza el autor a Vicente?

Ejercicios Orales

I. Falsos aliados: PRETENDER e IGNORAR

pretender: *to solicit, apply for; to try; to claim; to pretend to, as to pretend to the throne*
fingir, aparentar: *to pretend, as to feign, make believe*

A. Emplee la forma correcta de **pretender** en las siguientes oraciones de acuerdo con el ejemplo.

EJEMPLO: Patricio dijo que recordó a Vicente.
Patricio pretendió recordar a Vicente.

1. Dijo que había previsto la tragedia.
2. Trataba de hacerse famoso.
3. Dice que las dos mujeres le quieren.
4. ¿Solicitas aquel empleo?
5. Afirman que son ricos.
6. Intentaron hablarle a solas.

B. Usando la forma correcta de **fingir**, conteste las siguientes preguntas de acuerdo con el ejemplo.

EJEMPLO: ¿La quiere de veras?
No, solo finge quererla.

1. ¿Escuchaba usted de veras?
2. ¿Le conocen ellos de veras?
3. ¿De veras entienden ustedes la pregunta?
4. ¿De veras ha viajado mucho el joven?
5. ¿De veras le recuerda Anacleto?

ignorar: *not to know*
no hacer caso de (algo): *to ignore (something)*
no hacerle caso a (alguien): *to ignore (someone)*

C. Emplee **ignorar** en las siguientes oraciones de acuerdo con los
   ejemplos.
   no saber → ignorar

   EJEMPLO: Nadie lo sabe.
            Todo el mundo lo ignora.

   1. ¿No sabes que la envidian?
   2. No sé la respuesta.
   3. Nadie sabía su nombre.
   4. No sabemos lo que piensan.

   saber → ignorar

   EJEMPLO: Sabemos que nos miran mal.
            No ignoramos que nos miran mal.

   5. Todo el mundo lo sabe.
   6. Todo el mundo sabe que es obrero.
   7. Sé lo que van a hacer.

D. Traduzca:

   1. He ignores what we think.
   2. He doesn't know what we think.
   3. Everyone ignores him.
   4. He claims to know her.
   5. He pretends to know her.

II. FIN y CABO

   al fin; por fin; al cabo: *finally, at last*
   a fines de: *toward the end of*
   al cabo de: *at the end of*

   A. Ejercicio de sustitución

      Llegó a fines del año.

1. _____ diciembre.

2. _____ la primavera.

3. _____ abril.

4. _____ el verano.

B. Emplee **al cabo** en las siguientes oraciones.

EJEMPLO: Al fin, le dio cita.
Al cabo, le dio cita.

1. Por fin, vi a tres personas.
2. Por fin, terminaron las sesiones.
3. Por fin, arreglé un encuentro.
4. Al fin, habló con ella.
5. Al fin, supimos la verdad.

C. Emplee **al cabo de** en las siguientes oraciones.

EJEMPLO: Al final del tiempo, quería volver a España.
Al cabo del tiempo, quería volver a España.

1. Después de reflexionar, lo recordó.
2. Al final del año, aprendió la verdad.
3. Después de un buen rato, se levantó.
4. Al final de dos meses, salió del pueblo.
5. Después de las vacaciones, volvió a Alemania.

III. A LO MEJOR: *perhaps, like as not, probably*

Emplee **a lo mejor** en las siguientes oraciones.

EJEMPLO: Quizás el tren llegó tarde.
A lo mejor, el tren llegó tarde.

1. Probablemente el accidente ocurrió en la fábrica.
2. Quizás nadie recuerda a mi familia.
3. Quizás su madre conoce a mi tía.
4. Probablemente se le olvidó la radio.
5. Probablemente aquellos obreros son españoles.

IV. ECHAR

echar: *to throw, to cast; to drink or take*
    echar una ojeada: *to glance*
echarse: to throw oneself; to lie down
echar(se) a + infinitivo: *to begin to* + infinitivo; *to burst out*
  + gerundio
echárselas de: *to boast of (being)*

A. Emplee **echarse a** en las siguientes oraciones.

    EJEMPLO: Comenzó a reír.
              Se echó a reír.

    1. Empezaron a correr.
    2. Empiezas a reír.
    3. Rompió a llorar.
    4. Nos pusimos a sollozar.
    5. Comienzan a gritar.

B. **echárselas de** → **jactarse de**

    EJEMPLO: Se las echan de ricos.
              Se jactan de ser ricos.

    1. No se las echaba de potente.
    2. Nos las echamos de inteligentes.
    3. No se las echaban de prósperos.
    4. Se las echaba de bonita.
    5. Se las echa de superior.

C. Traduzca:

    1. He glanced in the room.
    2. She lay down on the bed.
    3. She bursts out laughing.
    4. We lie down on the floor.

V. ECHAR DE MENOS y PERDER: *to miss*

echar de menos (a alguien o algo): *to miss (someone or something)*
perder (el tren, la oportunidad, etc.): *to miss (a train, the chance,*
  etc.)

A. **Hacer falta → echar de menos**

    EJEMPLO: Me hace falta mi amiga.
               Echo de menos a mi amiga.

    1. Les hacía falta a ellos la comida española.
    2. ¿Te hacen falta tus padres?
    3. ¿Le hace falta España a Vicente?
    4. Nos hacen falta nuestros viejos amigos.
    5. Me hacía falta mi prima.

B. Traduzca:

    1. I missed the bus.
    2. I missed my old friends.
    3. He missed a great opportunity.
    4. He missed his mother.

Ejercicio Escrito

DIMINUTIVOS

Escriba palabras que terminan en el sufijo -ito (-cito, -ecito) de acuerdo con los ejemplos.

    EJEMPLO: una pequeña casa
               una casita

1. una pequeña mesa
2. pequeños cuadros
3. un pequeño rato
4. muy metidos
5. muy fina

    EJEMPLO: la pequeña Julia
               Julita

6. el pequeño rubio

    EJEMPLO: una pequeña cerveza
               una cervecita

7. la pequeña plaza
8. muy poco

EJEMPLO: su pequeña mujer
                    su mujercita

9. alguien muy joven
10. un pequeño golpe

EJEMPLO: una pequeña siesta
                    una siestecita

11. un pequeño pueblo
12. unas pequeñas fiestas

3

Su mejor amigo, su confidente, vino a serlo muy
pronto el Patricio Tejera. "Te parecerá extraño, Patricio —le
decía—; y extraño lo es, no hay duda; pero desde la primera vez
que nos vimos, ¿te acuerdas?, cuando llegué yo con la moto a
5 tomarme una cerveza en el bar porque venía muerto de sed, y tú
estabas allí con los otros, desde ese momento mismo supe yo, no
sé cómo, que tú y yo íbamos a hacernos amigos. Y eso que tú
entonces, ¡confiésalo!, me miraste con algún desprecio°, como
quien dice: '¡Vaya tiparrajo°!' No lo niegues: al comienzo te
10 hice una impresión más bien mala que buena; pero yo, a pesar
de ello, no sabría decir por qué, comprendí en seguida que sería-
mos amigos. Y ya lo ves: así ha sido. Muchas de las cosas que a ti
te cuento, a nadie más se las contaría. Te las cuento a ti porque
estoy seguro de que interpretas, y no vas a pensar mal. ¿Crees tú
15 que, digamos, a una cosa por el estilo de eso que acabo de con-
tarte ahora no le sacarían punta°, en mi contra, los otros? Por
envidia, ya sé; pero..."

---

8 **desprecio** desdén
9 **tiparrajo** hombre ridículo y
    despreciable

16 **le sacarían punta** la interpre-
tarían maliciosamente

Lo que acababa de contarle, verdad o mentira, o —más probablemente— alguna verdad adornada con visos° de exageración y
ribetes° de fantasía, no era sino una de tantas historietas acerca
de la vida que él solía llevar en Alemania, "para que fuera viendo
cómo son esas gentes de por allá". Si lo que pretendía era cierto,   5
en la última casa donde había estado alojado hasta ahora, antes
de salir para España con las vacaciones anuales, las dos mujeres
de familia, madre e hija, se lo estuvieron disputando con sorda
y enconada competencia°, mientras que el padre y marido no se
daba cuenta de nada o, si acaso se daba cuenta, que cualquiera 10
sabe°, prefería hacerse el desentendido°. Y la situación no dejaba
de ser cómica, pues a veces tomaba todo ello el aire de una pantomima absurda, desde el momento que él, Vicente, solo sabía
cuatro palabras de alemán, apenas lo indispensable para entenderse en las cuestiones de la rutina diaria. "Imagínate que un 15
día... Yo ya venía notándolo: miraditas, cuidados, atenciones,
algún postre° especial, ambas a porfía° —no necesito decirte
cómo las mujeres son cuando se les mete un capricho en la
cabeza—; de modo que yo, claro está, mucho *Danke schön*° y
más *Danke schön: ¿*Qué otra cosa podía decir yo sino *Danke* 20
schön y *sehr gut*°? Pues, bueno, como te iba diciendo, un día..."
La hija, desde luego, estaba imponente°: era una rubia de
marca mayor°. Ya a él lo habían puesto al tanto, se lo había
advertido un compañero que fue quien lo recomendó allí como
huésped, que la tal Elisa se divertía con unos y otros y a nadie le 25
hacía ascos; pero lo cierto es que cuando lo tuvo a él instalado en
la casa se olvidó de cualquier otra correría° y puso sus cinco
sentidos en la tarea de capturarlo, al nuevo español Vicente de la
Roca, inclusive —puede suponerse, pues así de ilusas° son las
mujeres— con fines matrimoniales. ¡Venga procurar enseñarle el 30
idioma, y con qué derroche° de paciencia! ¡Venga proponerle

---

2 **visos** *glimmers*
3 **ribetes** adornos
9 **sorda... competencia** silenciosa y
   amarga rivalidad
11 **que cualquiera sabe** *and who
   knows*
11 **hacerse el desentendido** fingir
   que no se daba cuenta
17 **postre** *dessert*

17 **a porfía** en competencia
19 **Danke schön** *Ger.* muchas gracias
21 **sehr gut** *Ger.* muy bien
22 **imponente** atractiva
23 **de marca mayor** sobresaliente
27 **correría** *escapade*
29 **ilusas** *visionary*
31 **derroche** profusión

paseos por el campo! A esos alemanes el campo los vuelve locos: capaces son de tenderse en el suelo, con toda aquella neblina y una humedad que te cala hasta los huesos°, y estarse ahí como si tal cosa°. Solo que él, no era bobo, ¡qué va!, él era perro viejo.

5   Y tampoco la madre estaba nada mal: bajita más bien y, naturalmente, con sus años encima, pero, ¡de presumida°, la vieja!... Desde luego, despepitándose a su vez tras° el español Vincenz°. Por la mañana, no bien la hija salía para el trabajo (Elisa trabajaba en una guantería), ya estaba Frau° Schmidt
10 yendo a ver si él necesitaba algo y, mientras el joven huésped terminaba a toda prisa de afeitarse° para no perder el ómnibus de la fábrica, se le sentaba ella al borde de la cama deshecha y empezaba a charlar como una descosida°, pese a° que él apenas si podía contestarle pues, entre otras razones, es que no le entendía
15 casi nada de su tarabilla°. Luego, a la noche, era ella también quien le servía la especie de cena que allí acostumbran, no despegándosele° de su lado, con desvelos de nodriza cargosa°, hasta tanto que no le hubiera dado fin°. A este propósito°, más de una vez se cruzaron palabras desabridas° y gestos ásperos entre ma-
20 dre e hija, y hasta llegó a surgir en cierta oportunidad una discusión a gritos que, por suerte, cortó de modo autoritario y perentorio Herr° Schmidt, furioso de que le impidieran escuchar el concierto de la radio. Aquello se estaba poniendo ya, no desagradable, sino insufrible. "Un día las cosas tocaron al punto
25 en que comprendí necesitaría optar°: o la madre o la hija; o quizás decidirme a satisfacer a ambas. Y pensaba que esta última solución tal vez fuera, con todos sus inconvenientes, la menos ocasionada a líos°, pues en caso de decidirme a favor de la hija, quién sabe qué escándalo no armaría° la vieja (con toda seguri-

---

³ **te... huesos**   soaks you to the skin
⁴ **como... cosa**   como si nada hubiera pasado
⁶ **presumida**   vanidosa
⁷ **despepitándose... tras**   *chasing in turn after*
⁸ **Vincenz**   *Ger.* Vicente
⁹ **Frau**   *Ger.* señora
¹¹ **afeitarse**   *to shave*
¹³ **descosida**   loca
¹³ **pese a**   a pesar de
¹⁵ **tarabilla**   charla

¹⁷ **despegándosele**   separándose
¹⁷ **desvelos... cargosa**   *solicitude of an annoying wetnurse*
¹⁸ **le... fin**   *she wouldn't stop*
¹⁸ **A este propósito**   Acerca de esto
¹⁹ **desabridas**   desagradables
²² **Herr**   *Ger.* señor
²⁵ **optar**   escoger
²⁸ **ocasionada a líos**   *likely to stir up trouble*
²⁹ **armaría**   causaría

dad, procuraría vengarse de mí obligándome a casarme con Elisa);
y si en cambio la favorecía a ella, tampoco era Elisa mujer para
resignarse y quedarse callada. En el fondo, yo no tenía ninguna
gana de verme metido en un jaleo° semejante y, si quieres que te
diga la verdad, Patricio, las mujeres no valen la pena de que por 5
ellas..., ¿tú me entiendes? Una cosa que yo nunca he comprendido
es cómo hay quien se deja envolver por las mujeres; y sin embargo algunos no escarmientan°: ya pueden ellas darles disgustos,
que apenas salen de un compromiso, en seguida están buscándose
otro. En cuanto a mí, pude escapar a salvo de la trampa° que 10
entre la madre y la hija, cada cual por su lado, me tenían ten-
dida°. Total, solo me faltaban tres semanas para las vacaciones;
no era cuestión de cambiar de alojamiento, con todas las explica-
ciones que hay que dar, y aviso anticipado, etcétera. De modo
que lo que hice fue apresurarme un poco por las mañanas para 15
salir de casa al mismo tiempo que Elisa, y como la parada de su
tranvía era distinta de la de mi autobús: '¡Adiós, hasta luego!
Aufwiedersehen!°' Mientras que sábados y domingos me lo pasaba fuera, en excursiones con algún compañero o en la cervecería. De este modo me escabullí° de entre las garras° de aquellas 20
harpías y volví a respirar a mis anchas°. ¡Se creerán las mujeres
que le gusta a uno que lo anden persiguiendo! Conmigo van
listas°: me las conozco° demasiado bien. Y si te he contado todo
eso, Patricio, ha sido para que te des cuenta de cómo son, y no te
dejes engañar, pues aquí en España usan de mayores disimulos y 25
resulta más difícil, por consiguiente, descubrirles las trazas°."

—Bueno, mira, Vicente: cosas así ocurren en todas partes —le
contestó el Patricio Tejera—. Tú, desde luego, supiste portarte
como un perfecto caballero; pero mientras me lo estabas contando no dejaba de pensar en un caso sucedido aquí mismo no 30
hará aún ni dos años, y que fue un escándalo de órdago°. Un
caso bastante parecido: madre e hija también, pero...

Y le contó el caso: gente muy decente y muy bien mirada,

---

aunque modesta. La madre, viuda desde hacía tiempo, jamás había dado nada que hablar; y en cuanto a la niña, era una muchachita modosa°, educada en las monjas°, y a todo el mundo le pareció que hacía muy bien el Romualdo, un chico excelente, oficial° de la barbería, a quien conocían y apreciaban todos, cuando se puso en relaciones° y, por fin, se casó con la muchacha. Desde todos los puntos de vista era un matrimonio conveniente y sensato°. La viuda tenía una casita propia, y el local de la esquina era sitio inmejorable para que Romualdo se estableciera por su cuenta abriendo un pequeño salón de peluquería. Se casaron, pues, los jóvenes, y todo parecía irles de lo más bien. La esposa, que no era fea, floreció como un prado° tras de la lluvia, gracias, sin duda, a las atenciones del siempre acicalado° Fígaro° cuyo tipo exuberante le tenía sorbido el seso°. Hasta que una noche... ¡Es atroz, pobre chica! Medio dormida, había sentido que él se levantaba de la cama y salía, seguramente —pensó ella— apremiado° por una necesidad urgente. Pero como al cabo de un buen rato le pareciera que tardaba demasiado, temiendo que se hubiera puesto enfermo, se levantó a su vez para ver si le había pasado algo; y al no encontrarlo en el retrete° ni en la cocina se asomó a la alcoba de su madre. ¡Qué impresión no llevaría cuando los sorprendió allí a los dos, suegra y yerno°, metiditos tan ricamente° en la cama! Tal como estaba, en camisa, se salió corriendo la infeliz hasta la calle y empezó a pegar gritos. En suma, se puso como loca, y, según dicen, ahora anda haciendo la carrera°, no sé si en Madrid o en Barcelona o en dónde, hecha una desgraciada°. ¿Qué te parece?

—¡Qué barbaridad! —exclamó Vicente—. ¿No te digo? ¡Y aún hay quien se fía de las mujeres! La madre hace una cerdada°

---

³ **modosa** callada
³ **en las monjas** *by the nuns, that is, in a Catholic school*
⁵ **oficial** empleado
⁶ **se puso en relaciones** se comprometió para casarse
⁸ **sensato** razonable
¹² **prado** *meadow*
¹³ **acicalado** bien vestido
¹³ **Fígaro** barbero (personaje famoso del autor francés Beaumarchais en sus comedias *El barbero de Sevilla* y *El casamiento de Fígaro*)
¹⁴ **le... seso** *she was madly in love with*
¹⁷ **apremiado** obligado
²⁰ **retrete** *toilet*
²² **suegra y yerno** *mother-in-law and son-in-law*
²³ **ricamente** *comfortably*
²⁶ **anda... carrera** es prostituta
²⁷ **desgraciada** infeliz
²⁹ **cerdada** acto sucio y despreciable

tan increíble, y entonces la hija va y se echa a la mala vida.
¡Cuando yo te digo! Todas son iguales.

—Eso tampoco; no hay que exagerar, ¿comprendes? Que al-
gunas tienen el demonio en el cuerpo, es cosa sabida; pero en
cambio, cuando una mujer es de ley°...   5

—Por si acaso, más vale no fiarse. Lo que es a mí°... —insistió
el otro.

Entonces, puestos ya en ánimo de confesiones, y quizás también
para que su nuevo amigo mirara lo que decía y no fuera a meter
la pata°, le hizo saber Tejera que él, al contrario, consideraba   10
una bendición del cielo el hallar la mujer digna de compartir su
vida, y que precisamente andaba interesado en una chica bueni-
sima por todos conceptos; y tan interesado, que en cuanto ella
quisiera estaba dispuesto a formalizar el noviazgo° y casarse.

—¡Acabáramos°, hombre! —dijo Vicente dándole una palmada   15
en la espalda—. Mira, estaba a la espera de que me lo con-
taras para estar seguro de que eres amigo mío de veras. ¿Te crees
que no lo sabía? Todo el mundo lo sabe: la chica de Martínez
Álvar, ¿no es cierto? Lo sabe todo el mundo... Entonces, dime, ¿es
que por fin se ha decidido ella a aceptar tu candidatura?   20

Todo el mundo lo sabía en el pueblo; hasta el recién llegado
Vicente de la Roca. Patricio Tejera y Fructuoso Trías, buenos
amigos entre sí y, sin duda alguna, los dos muchachos más
apañados° de aquellos contornos°, ambos venían cortejando
desde tiempo atrás a la Julita Martínez, quien, además de hija   25
única y heredera de una fortuna muy saneada°, era por su parte
la criatura más linda que ojos humanos pudieran ver. Niña casi,
dieciocho años recién cumplidos, esmeradísima° educación y la
ropa comprada siempre en Madrid, adonde solía ir con su mamá
dos veces por año, nadie que no fuera Fructuoso Trías o Patricio   30
Tejera se hubiese atrevido a poner en ella la vista, sino para
mirarla con fugaz° disimulo. Y ella, segura como estaba de que
cualquiera de los dos había de ser bien acogido° por la familia,

---

⁵ **de ley**   genuina
⁶ **Lo... mí**   *As for me*
¹⁰ **meter la pata**   decir algo inoportuno
¹⁴ **noviazgo**   *courtship*
¹⁵ **¡Acabáramos!**   *exclamation used*
     when one finally resolves a problem or
     gets out of a difficult situation

²⁴ **apañados**   convenientes
²⁴ **contornos**   alrededores
²⁶ **saneada**   *unencumbered*
²⁸ **esmeradísima**   muy cuidadosa
³² **fugaz**   *fleeting*
³³ **acogido**   recibido

no terminaba de resolverse a elegir uno u otro, y los mantenía en vilo°, dando ocasión a que la envidia empezara a tildarla° de orgullosa y coqueta.

—No —confesó el Patricio con aire sombrío—; aún no se ha
5 decidido; pero tengo la esperanza, por ciertas señales que yo me sé, de que cuando crea llegada la hora de comprometerse con alguien, ese alguien he de ser yo, y nadie más. Lo que pasa es que es demasiado jovencita todavía, y no tiene prisa de formalizar nada, con lo cual, aunque me moleste, muestra su discreción;
10 y quizás que, siendo todos tan buenos amigos, le da pena desahuciar° al pobre Fructuoso, echando de pronto un jarro de agua fría a sus ilusiones.

—Pues sentiría yo mucho que fueses tú le desengañado°; y para evitar eso lo mejor es no hacerse ilusiones tales, que después
15 de todo no valen la pena.

—Fácil resulta decirlo cuando se es indiferente, y cuando no se conoce a la persona.

—Conocerla, la conozco, aunque hasta ahora nunca haya hablado con ella; pero sí que la he visto el otro día en el cine, y no
20 faltó quien me dijera en seguida quién era y todo lo demás. Desde luego, te alabo el gusto, y nadie que no sea ciego podría negar que es una chavala preciosa. Es, sin lugar a dudas, muy bonita y hasta, para mí al menos —si quieres que te diga—, demasiado bonita. Las mujeres a quienes todo el mundo elogia°
25 terminan por creérselo y se ponen engreídas° e imposibles, cuando, después de tanto, si se va a ver...

—No es eso, Vicente, y debo advertirte que estás hablando muy de memoria°. ¿O acaso te piensas tú que soy yo un sujeto tan superficial y tan ligero como para prendarme° de la mera
30 bonitura...? Ni la belleza, ni tampoco el dinero, bastan cuando de lo que uno trata es de casarse, que quiere decir para toda la vida. Me gustaría que te dieras cuenta, hombre... Pero, ¿cómo vas a darte cuenta si no la conoces más que de vista? Cuando la conozcas ya me dirás. No faltará ocasión de ello: a la primera
35 oportunidad te la presento, y ya me dirás luego.

---

2 **en vilo** sin seguridad
2 **tildarla** acusarla
11 **desahuciar** quitar esperanza
13 **desengañado** desilusionado
24 **elogia** alaba

25 **engreídas** vanidosas
28 **hablando... memoria** hablando sin fundamento
29 **prendarme** enamorarme

La primera oportunidad surgió esa misma tarde: en los pueblos la gente se encuentra a cada paso, y Patricio tenía mucho deseo de probarle a su amigo cuán atinada° era su elección. Incluso se le había ocurrido encargarle que, para explorar la voluntad de Julita, espiara sus menores gestos cuando, conversando con ella, se refirieran a Patricio, tema casi forzado al principio, como es lógico, puesto que era él quien los había presentado. La conversación a solas duró un buen ratito. ¿Quién no siente curiosidad por la novelería de un forastero°? Patricio se había apartado con pretexto de decirle algo a alguien y, a la distancia, desde un grupo de amigos (el Fructuoso Trías, por cierto, y otros dos más; la escena tenía lugar en el vestíbulo del cine), estuvo observando de manera disimulada la actitud de Julita, animadísima, así como la de Vicente, a quien parecía haberle caído en gracia° la muchacha. ¿Y cómo no iba a caerle en gracia, si aquella criatura única era el centro infalible de la admiración general; si era la joya del pueblo, si todo el mundo...? El forastero debió de resultarle divertido, pues por dos veces se la vio reír de muy buena gana. Es que —la verdad sea dicha— el tal Vicente era un tipo de lo más simpático; uno de esos tipos que poseen el don de ganarse en seguida las voluntades, y Patricio estaba contento de haberlo puesto en contacto con Julita —a quien de todos modos un día u otro le hubieran presentado—, porque así, y sin que se notara, podría él abogar° en favor de las pretensiones de su amigo y servirle como hábil promotor de su causa. Pese a la arrogancia con que, de labios afuera, afirmaba Patricio su seguridad de obtener el galardón° en leal competencia amorosa frente a Fructuoso Trías, quizás no estaba tan seguro en el fondo, ni tenía bases para estarlo, ya que la disputada beldad no había dado hasta el momento señales claras de inclinarse hacia uno u otro.

Cuando, por fin, pareció ir a separarse Vicente, en los términos más efusivos y corteses, de su nueva conocida, volvió Patricio a acercárseles y, claro está, le faltó tiempo para pedir a su amigo, apenas estuvieron solos de nuevo, que le comunicara, no ya sus impresiones, sino —punto por punto— el contenido todo de la

---

3 **atinada** juiciosa
9 **forastero** extranjero
15 **caído en gracia** gustado

24 **abogar** hablar
27 **galardón** premio

conversación que acababa de sostener con Julita. Las impresiones,
ni que decir tiene, habían sido inmejorables (esto ya Patricio se
lo tenía pronosticado); pero, ¿de qué era de lo que ella se reía
con tantas ganas?; ¿sobre qué era lo que Vicente le estaba ha-
5 blando? Vicente al principio no se acordaba; luego cayó en la
cuenta°: "¡Ah, sí!" Y se echó a reír él también. "Hombre, precisamente. Mira, era a propósito de ti. Estaba describiéndole a tu
Dulcinea° nada menos que tu pasión de ánimo y el modo como
andas bebiéndote los vientos por ella°."

10 —Comprenderás —añadió Vicente— que no podía tirarme a
fondo° desde el comienzo; había que darle a las cosas un tono
más bien ligero. Pero he procurado dejar abierta la puerta para
volver sobre el asunto cuando lo considere prudente.

A Patricio Tejera no le pareció eso. Pero estaba empeñadísimo°
15 e insistía en que el otro le tenía que contar cada detalle, repetir
cada palabra de lo hablado con Julita; y debe reconocerse en
honor de Vicente que con paciencia extraordinaria se esforzó por
complacerlo y calmar los anhelos° de aquella alma enamorada,
recapitulando una vez y otra la conversación y procurando re-
20 producir, quizás con algún pequeño retoque° acá y allá, las
frases pronunciadas por la jovencita.

—Bueno, en resumen; vamos a ver: ¿no es cierto —le apremió
Patricio—, no es cierto, como yo te lo decía, que mi Julita es un
caso excepcional; que apenas abre la boca ya puede notarse su
25 clara inteligencia y una discreción asombrosa para sus años?;
¿no es cierto que...?

—Para. Para el carro°, amigo. Ante todo, me parece que no
basta una primer charla de dos minutos con ninguna persona, y
menos si es del otro sexo, para darse cuenta de los puntos que
30 calza°. Eso, en primer lugar. Ahora, hecha tal reserva, ya te digo
que mi impresión no ha sido nada mala. Pero no es eso, Patricio.
Fíjate en una cosa: yo nunca he tratado de prevenirte contra esa

---

6 **cayó... cuenta**   se dio cuenta

8 **tu Dulcinea**   la mujer que amas (la
dama ideal de Don Quijote en la
famosa novela de Cervantes)

9 **bebiéndote... ella**   cortejándola
con toda la diligencia posible

11 **tirarme a fonda**   *to jump in
completely*

14 **empeñadísimo**   muy persistente

18 **anhelos**   deseos fuertes

20 **retoque**   *finishing touch*

27 **Para el carro**   *Hold your horses*

30 **puntos que calza**   medidas

chica (¡si apenas la conozco todavía!). Te previne, y no dejo de
hacerlo, contra la condición engañosa de todas las mujeres que,
cuando menos, quitan la tranquilidad y el sosiego° y te amargan
la vida llenándote de cuidados y celos°.

—En eso habrá cierta dosis de amargura, no lo niego; pero ese   5
poco de amargo viene tan mezclado con dulzores que en realidad
sirve para hacer más gustoso su paladeo°, evitando que te em-
palagues° —fue su respuesta.

Vicente se impacientó:

—Está bien, hombre. No te digo nada más. Con tu pan te lo   10
comas°... ¡Allá tú! La culpa es mía, por meterme donde nadie
me llama°.

Y Tejera tuvo que ponerse entonces a templar gaitas°, pues lo
que menos deseaba era enojar a su amigo.

Cuestionario

1. Según Vicente, ¿qué impresión le hizo al principio a su mejor amigo,
   Patricio Tejera?
2. ¿Qué historieta cuenta Vicente acerca de su vida en Alemania?
3. ¿Por qué no podía Vicente escoger entre la madre y la hija?
4. ¿Cómo resolvió Vicente el problema?
5. ¿Qué historia sobre otra madre e hija le cuenta Patricio a Vicente?
6. ¿Qué piensa Vicente de las mujeres en general?
7. ¿Qué confidencia le hace Patricio a Vicente?
8. ¿Cuál es la reacción de Vicente?
9. ¿Quién es Julita Martínez?
10. ¿Qué piensa Vicente de las mujeres bonitas?
11. ¿Qué hace Patricio para que Vicente conozca a Julita?
12. ¿Qué quiere saber Patricio de la conversación entre Vicente y
    Julita?
13. ¿Qué opinión tiene ahora Vicente de Julita?

³ **sosiego** calma
⁴ **celos** *jealousy*
⁷ **paladeo** *tasting*
⁸ **te empalagues** *you tire of too much
  sweetness*

¹¹ **Con... comas** *It's your funeral*
¹² **meterme... llama** *butting in*
¹³ **templar gaitas** *to humor him*

Temas

1. ¿Qué paralelos existen entre la historia que cuenta Vicente y la que cuenta Patricio? ¿Que importancia tiene el hecho de que son semejantes los cuentos?
2. ¿Cómo muestra Vicente que es misógino?
3. ¿Cómo describe el autor a Julita Mártinez? ¿Qué muestra esta descripción del carácter de la muchacha?

Ejercicios Orales

I. COMIENZO y PRINCIPIO: *beginning*

Sustituya **comienzo** con **principio** en las siguientes oraciones.

EJEMPLO: Al comienzo de la conversación, hablaron de Patricio.
Al principio de la conversación, hablaron de Patricio.

1. Desde el comienzo, alternó con la mejor juventud.
2. Al comienzo te hice una mala impresión.
3. Al comienzo Vicente no se acordaba.
4. No podía decirle eso desde el comienzo.
5. Al comienzo es natural no entender la lengua extranjera.

II. PRESENTAR e INTRODUCIR

presentar: *to present, to introduce (one person to another)*
introducir: *to introduce, as to put in*

A. Usando el verbo **presentar**, conteste las siguientes preguntas de acuerdo con el ejemplo.

EJEMPLO: ¿Quieres conocer a Julita?
Sí, quiero que me la presentes.

1. ¿Quiere usted conocer a los Martínez?
2. ¿Quieres conocer a Patricio?
3. ¿Quieren ustedes conocer a María?
4. ¿Quieren ustedes conocer a aquellos obreros?
5. ¿Quiere usted conocer a aquellas alemanas?

B. Usando **presentar** o **introducir**, según convenga, traduzca las siguientes oraciones.

1. The author introduced his wife.
2. The author introduced several poems into the novel.
3. The mailman presented the letter to me.
4. The mailman put the letter in the mailbox (el buzón).

III. PENA

pena: *sorrow, hardship, toil, penalty*
darle pena a alguien: *to grieve someone*
valer la pena + infinitivo: *to be worth while* + infinitivo; *to be worth* + gerundio
valer la pena: *to be worth the effort*

A. Ejercicio de sustitución

A Juan le da pena ver el sufrimiento humano.

1. ___ María _____.

2. ___ nosotros _____.

3. ___ ustedes _____.

4. ___ mí _____.

B. Usando la expresión **valer la pena,** conteste las siguientes preguntas de acuerdo con los ejemplos.

EJEMPLO: ¿Debe uno estudiar mucho?
No, no vale la pena estudiar.

1. ¿Debe uno trabajar mucho?
2. ¿Debe uno hacerse rico?
3. ¿Debe uno ser honrado?

EJEMPLO: ¿Debe uno hacerse ilusiones?
No, las ilusiones no valen la pena.

1. ¿Debe uno querer a las mujeres?
2. ¿Debe uno aprender lenguas extranjeras?
3. ¿Debe uno sacrificarse por los hijos?
4. ¿Debe uno ayudar a la humanidad?

IV. PRISA

prisa: *hurry, haste*
de prisa: *fast, quickly*
a toda prisa: *with the greatest speed*
darse prisa: *to hurry, to hurry up*
tener prisa: *to be in a hurry*

A. **apresurarse → darse prisa**

>EJEMPLO: Me apresuré a subir al tren.
>**Me di prisa para subir al tren.**

1. Se apresuraba por las mañanas.
2. ¡Apresurémonos!
3. ¡Apresúrate!
4. Se apresuró a entrar en la sala.
5. Me apresuro para llegar a tiempo.

B. **rápidamente → de prisa**

>EJEMPLO: Trabajamos más rápidamente que ellos.
>**Trabajamos más de prisa que ellos.**

1. Les molesta lo rápidamente que trabajamos.
2. Se afeitó rápidamente.
3. Caminan más rápidamente que yo.
4. Aquel hombre anda rápidamente.
5. Salieron del pueblo muy rápidamente.

C. Traduzca las siguientes oraciones usando expresiones con **prisa.**

1. Hurry up!
2. He's not in a hurry.
3. He does his work fast.
4. He does his work with the greatest speed.

Ejercicios Escritos

I. REALIZAR y DARSE CUENTA DE: *to realize*

realizar: *to realize, as to make real or fulfill*
darse cuenta (de): *to realize, as to become aware (of)*

Sustituya las palabras en negrilla con la forma correcta de **realizar** o **darse cuenta de,** según convenga.

1. El marido no **sabía** lo que pasaba.
2. Juan nunca **llevará a cabo** su proyecto.
3. Quiero que **cumplas** tu deseo.
4. Te conté eso para que **comprendieras** cómo son.
5. Cuando tú me las presentaste, **supe** que así había de ser.
6. **Comprenderás** que no podía tirarme a fondo desde el comienzo.

II. El sufijo -ERÍA

Escriba las palabras terminadas en **-ería** que completan las siguientes oraciones.

EJEMPLOS: **La taberna donde se sirve cerveza es la cervecería.**
Algo tonto que se hace o se dice es una tontería.

1. La tienda donde se venden guantes es la _____.

2. El lugar donde trabaja un barbero es una _____.

3. El lugar donde trabaja el peluquero es la _____.

4. Algo que harían los niños es una _____.

5. Una partida de caza es una _____.

4

Pasaron días y aun semanas sin que nada de particular viniera a nutrir la siempre ávida imaginación de la gente, los comentarios de las tertulias; hasta que un domingo por la mañana, inesperadamente, ¡zas!, estalló° la noticia bomba,
5 se produjo lo sensacional: aquella madrugada° misma habían desaparecido del pueblo Vicente de la Roca en su motocicleta, y la hija única de don Lucio Martínez, Julita, cuya falta hubo de descubrirse para consternación de la familia al no responder nadie a los golpes dados en la puerta de su cuarto, llamándola a
10 desayunar, pues se acercaba la hora de misa. El lindo pajarito había volado de la jaula°. Y se había llevado bajo el ala°, según pudo comprobarse tras el consiguiente revuelo°, cuantas alhajas° poseía, que no eran pocas ni baratas, más un fajo° enorme de billetes extraído nadie sabe cómo de la gaveta° donde su señor
15 padre lo tenía guardado bajo llave. Aunque no dejó al irse carta

4 **estalló** *exploded*	12 **revuelo** *disturbance*
5 **madrugada** amanecer	12 **alhajas** joyas
11 **jaula** *cage*	13 **fajo** *bundle*
11 **ala** *wing*	14 **gaveta** *drawer*

ni recado explicativo alguno, pronto se pusieron en relación
ambas misteriosas simultáneas desapariciones, dándose por sen-
tado° que Julita había huido de su casa sobre el sillín de la
motocicleta de Vicente.

¡Para qué decir, el escándalo que se formó! Ni se pensó siquiera ⁵
en la posibilidad de taparlo o amortiguarlo°. Funcionaron telégrafo y teléfono, se movilizó todo lo movilizable y, con eso y
todo, solo el lunes a mediodía, después de horas tremendas durante las cuales el pueblo entero participó de una excitación, que
en los más afectados era desesperación y angustia, hubo por fin ¹⁰
novedades sobre los prófugos°. O al menos, acerca de ella; pues
las autoridades fueron a informar con la natural reserva al señor
Martínez Álvar de que su hija había sido hallada en un hotel de
la ciudad de Figueras; y allí acudió el pobre padre sin perder un
solo instante. ¹⁵

¡Desdichada° Julita! Apenas vio al autor de sus días y de sus
noches aparecer en la puerta, con expresión despavorida° se
echó de bruces° ,en la cama y hundió la cara en aquella almo-
hada° que tantas lágrimas suyas había absorbido ya, empezando
a sollozar° convulsivamente. Trabajo costó arrancarla de su re- ²⁰
fugio y persuadirla a que contara lo ocurrido. Por lo demás, su
relato —entrecortado de suspiros y quejas— coincidió con lo que
la dueña del hotel había declarado a la policía: la pareja de
jóvenes se apearon° a la puerta del establecimiento el domingo
por la tarde, ya casi anochecido, y él hizo que les mostraran ²⁵
alguna de las habitaciones disponibles, eligiendo, de acuerdo con
la muchacha, una vez averiguado el precio y demás detalles,
aquella misma donde había de encontrarla su padre al día siguiente, y donde, por el momento, le había dicho el joven que lo
aguardara, que en seguida volvía, pues iba a llenar la hoja de ³⁰
inscripción en el hotel y a ver de paso lo que hacía con la moto.
Lo que hizo, sin embargo, fue montarse en ella de nuevo y salir
pitando..., hasta hoy.

Ante su tardanza, Julita se irritó primero, luego empezó a

---

³ **dándose por sentado** *considering as settled*
⁶ **taparlo o amortiguarlo** *to cover or hush it up*
¹¹ **prófugos** fugitivos
¹⁶ **Desdichada** Infeliz

¹⁷ **despavorida** asustada
¹⁸ **de bruces** *face down*
¹⁹ **almohada** *pillow*
²⁰ **sollozar** llorar
²⁴ **se apearon** se bajaron

extrañarse, y la extrañeza se le convirtió pronto en inquietud. Bajó al vestíbulo, preguntó a la dueña, discutieron varias conjeturas: que quizás habría ido a dejar la máquina en algún garaje para que se la repasaran al día siguiente temprano; que si,
5 yendo a comprar un periódico o cigarrillos, no se habría extraviado°; o si acaso no se le habría ocurrido la peregrina° idea de... ¡Cualquiera sabe!

—Su marido de usted, ¿no tendrá alguien conocido aquí en Figueras? —preguntó con sospecha la vieja. Ya antes, como quien
10 no quiere la cosa, la había sometido a un pequeño y astuto examen.

—Creo que no, pero..., ¡vaya usted a saber! A lo mejor se ha tropezado, así de improviso... Pero, ¿qué idea le habrá entrado de pronto? Es todo tan raro...

15 Todo era muy raro; y tanto más, cuanto más tiempo pasaba desde que el tal Vicente dobló la esquina y se hizo humo.

—Bueno, lo único que cabe es tener paciencia y aguardar —concluyó Julita, desdichada y sensata, cuando ya habían transcurrido dos horas largas—. Paciencia, y seguir aguardando.

20 Y (pegada insidiosamente a su espalda la mirada de aquella señora) subió a encerrarse en la habitación sin haber consentido en comer algo, como ella le ofrecía, o tomarse al menos un café. ¡Para cafés estaba la infeliz! Sola ya en su cuarto —y es inútil decir que no pudo pegar ojo° en toda la noche, ni aun se lo
25 propondría, pues ni tan siquiera había de meterse en la cama—, procuró reunir todas las fuerzas de que disponía, que no eran muchas, y concentrando en este propósito sus cinco sentidos, se puso a considerar su situación. Por lo pronto aquel canalla°, so° pretexto de mayor seguridad, se había quedado con el dinero y el
30 maletín de sus joyas. Todo estaba en sus manos. Si no volvía... Pero, ¿cómo iba a no volver? A cada ruido que se oía, un portazo, conversación, pasos en la escalera, creía ella —y el corazón se le saltaba de ansiedad— verlo aparecer ya dentro de un instante en el marco de la puerta, y tan pronto se lo figuraba borracho,
35 balbuciendo disculpas°, como lo imaginaba herido y muy pálido

---

6 **extraviado** perdido		28 **so** bajo	
6 **peregrina** extraña		35 **balbuciendo disculpas** *stammering*	
24 **pegar ojo** *sleep a wink*		*excuses*	
28 **canalla** hombre despreciable			

o, por el contrario, tan fresco el muy sinvergüenza° y echando a
gracieta su hazaña°. De un modo u otro, tenía que volver. ¿Cómo
iba a no volver? Tan canalla no le parecía posible que fuese...
¿O tal vez habría sido uno de esos casos de amnesia que se ven en
las películas? ¿Habría sido una cosa así? No, verosímil° no lo   5
era, ¡qué disparate°!; eso no pasa más que en las películas.
Mientras que, en cambio, granujas los hay a montones en la
realidad. Granujas redomados°, y pobres estúpidas que se dejan
engañar por ellos. Lo que a otras les pasa, también podía pasarle
a ella, que tan lista se creía. Pero, ¿quién no se cree listo? Y   10
acerca de Vicente había tenido ocasión de oír juicios y opiniones
que desde luego se negó a escuchar por parecerle fruto podrido°
de la envidia pueblerina. Si resultaran ciertos esos juicos y esas
opiniones... Pero, Señor, ¿por qué había de haberla engañado
Vicente? ¿Solo para robarle el dinero y un puñado° de alhajas?   15
¿Para eso tan solo iba a haberla sacado de su casa? No; esto no
tenía pies ni cabeza°, y por más vueltas que le daba en la suya°
no lograba entenderlo. Mejor lo hubiera entendido siendo la
canallada completa, es decir, si él la hubiese robado y abandonado después de pasar juntos la noche: una acción más infame, sí,   20
pero más comprensible sin embargo. Pues, ¿cómo explicarse que,
al final de cuentas, lo único que Vicente deseara de ella fuese su
dinero? Desprecio semejante le resultaba inconcebible en absoluto; sencillamente, no podía ser. De modo que tendría que ser
otra cosa: alguna desgracia debía de haberle ocurrido; a buen   25
seguro, le había ocurrido alguna desgracia. Y hasta pensaba ya
con alivio en la eventualidad, no solo de que Vicente hubiera
atropellado° a alguien con la moto y estuviera detenido en la
comisaría°, sino incluso de que él mismo se hubiera estrellado
contra° una esquina. Sería una desgracia muy grande, una terr-   30
ible desgracia, pero..., podría entenderse; mientras que la ignominia...

En suma, tras una noche espantosa y lentísima, vio Julita, con

---

¹ **sinvergüenza**   *scoundrel*
² **echando... hazaña**   *making a little
joke out of his exploit*
⁵ **verosímil**   *probable*
⁶ **disparate**   *tontería*
⁸ **redomados**   *astutos*
¹² **podrido**   *rotten*

¹⁵ **puñado**   *handful*
¹⁷ **no... cabeza**   *no tenía sentido*
¹⁷ **por... suya**   *no matter how many
times she went over it in her mind*
²⁸ **atropellado**   *run over*
²⁹ **comisaría**   *oficina de policía*
³⁰ **estrellado contra**   *crashed into*

repeluznos° de frío, clarear el nuevo día, lunes ya, a través de los
visillos° del balcón, y poco a poco empezó a sentir otra vez ruidos
en la escalera y pasillos, el correr del agua en el lavabo de otra
habitación... No transcurrió demasiado tiempo antes de que un
5 golpecito en la puerta que le hizo estremecerse° anunciara a la
dueña del hotel. Venía la vieja a inquirir si no había habido
novedad. Por supuesto, no había habido novedad alguna. Por
supuesto, aquel hombre no había dado señales de vida. Y por
supuesto, él no era su marido. "¿Verdad, hija, que no estáis casa-
10 dos? Vosotros venís huyendo, ¿verdad? Te ha sacado de tu casa,
¿no es cierto?; y luego, pensándolo mejor, el majadero° se ha
asustado y ha puesto pies en polvorosa°..."
Julita bajó la cabeza. Y aquella señora, compadecida, le pasó
cariñosamente la mano por el pelo. Entonces la pobre chica
15 rompió a llorar como lo que era: una criatura, con hipos° y a
moco tendido°.
—¡Vamos, vamos, mujer! Hacéis la barbaridad, y luego...
Espérate, que voy a traerte un poco de café. Esto te entonará°
—añadió, dando media vuelta.
20 "Este es el momento", pensó Julita. En su ánimo había ido
insinuándose durante la noche un siniestro proyecto que terminó de cuajar° tan pronto como labios ajenos pronunciaron lo
que ella tanto temía fuese cierto: que había sido burlada y que
la habían dejado tirada allí. Y éste era el momento, sí; ahora, al
25 quedarse sola de nuevo, podía cumplirlo. Cuando la buena
señora volviera con el desayuno, ya vería, ya, el espectáculo que
la esperaba. "Este es el momento", se repitió.
Pero no hizo nada, nada intentó. Caídos los brazos y la mirada
baja, por dos veces más susurró la misma frase: "éste es el mo-
30 mento", como si en decirlo se le agotaran° todas las energías. E
inmóvil seguía en el mismo sitio cuando, al cabo de un rato,
reapareció la señora trayéndole en una bandeja° café con leche
y una ensaimada° que, tras haberla rechazado, devoró la infeliz

---

[1] **repeluznos** *chills*
[2] **visillos** *curtains*
[5] **estremecerse** *shiver*
[11] **majadero** estúpido
[12] **ha... polvorosa** *took to his heels*
[15] **hipos** *hiccups*

[16] **a moco tendido** *runny nose*
[18] **te entonará** *will tone you up*
[22] **cuajar** *taking shape*
[30] **se le agotaran** *were exhausted*
[32] **bandeja** *tray*
[33] **ensaimada** *coffee cake*

Julita regándola° de lágrimas mientras apuraba° el café a grandes sorbos ansiosos. Con todo lo cual se sintió en efecto reconfortada y no tuvo dificultad mayor en confesarle a su benefactora quién era, cómo se llamaba y dónde vivía; de modo que, al personarse poco más tarde los dos trasnochados° agentes que la comisaría 5 envió a raíz de° un recado telefónico, debieron limitarse a apuntar los datos pertinentes en una libreta, dejando a la señorita Julia Martínez consignada bajo cargo y responsabilidad de la patrona del hotel hasta tanto se hubieran cumplido las diligencias° de rúbrica°. 10

Tales diligencias dieron lugar, como queda dicho, a que don Lucio Martínez Álvar acudiera desalado° en busca de la descarriada ovejuela°, sin más tardanza que las inevitables horas empleadas por el automóvil para llegar desde el pueblo hasta Figueras. 15

Sería quizás bonito, pero falso, el cuadro que pudiéramos pintarnos en la imaginación de una escena patética entre padre e hija. Probablemente tanto el uno como la otra, cada cual por su lado, estaban preparados para afrontarla; pero lo cierto es que apenas se cruzaron entre ellos dos palabras. "¡Andando!", ordenó 20 don Lucio; y una vez abonada° la cuenta de la habitación salió a la calle seguido de la cabizbaja Julita, entraron ambos en el auto y, con un portazo y un sacudón°, arrancaron a toda velocidad. No antes de estar ya en la carretera dio comienzo el inevitable interrogatorio. 25

—¿A qué hora abandonaste ayer, domingo, la casa de tus padres?

—A las cinco de la mañana.

—Muy bien. Ahora vas a contarme punto por punto, y sin omitir el menor detalle, ¿me entiendes?, ni el menor detalle, todo 30 lo ocurrido desde ese instante. Saliste de casa ayer a las cinco de la mañana. Muy bien. ¿Y luego?

—Pues nada.

—¿Cómo que nada?

—Ése estaba esperándome abajo.

—"¡Ése!" Continúa.

—Pues nada. Me monté en la moto, y eso es todo.

—¿Cómo que eso es todo? Continúa, te digo, si no quieres
que...

—Bueno, tomamos carretera adelante. Primero habíamos
pensado ir a parar a Barcelona, pero luego pensó él que mejor
sería seguir hasta Figueras.

—¿Dónde comisteis? Porque supongo que en algún sitio os
habréis detenido a comer.

—Sí, en una fonda, no me acuerdo en qué parte, ya era tarde,
no me fijé bien; en una especie de restaurante con terraza junto
a la carretera. Allí comimos.

—Y os quedasteis después a descansar, ¿no? Una siestecita,
¿verdad?

—No, no. Comimos, y en seguida volvimos a ponernos en
camino. Y ya, de una tirada° hasta Figueras. Queríamos llegar
cuanto antes. Vinimos a parar en ese hotel y...

—¿Y qué?

—Pues nada; que él desapareció en seguida.

—¿El desapareció antes de subir a la habitación?

—No. A la habitación subimos los dos con la señora que nos
la enseñaba. Y como nos pareció bien, él me dijo que lo aguar-
dase allí, y bajó para arreglar los papeles. Después, ya no volvió
más.

—Entonces...

—Entonces, ¡nada!

—¿Quieres decirme que estás tan entera como antes de la
escapatoria?

Ella asintió con la cabeza.

—Pero eso no hay quien lo crea. ¿Quién va a creerse eso? Mira,
no trates de engañarme, porque...

—No te engaño —dijo con una voz muy triste y muy seria la
desdichada Julita. Y su padre repitió:

—Pero eso no hay quien se lo crea. ¡Vaya una historia! ¿Cómo
se explica eso?

—Yo pensaba que nos íbamos a casar —empezó a sincerarse°

---

[17] **de una tirada** *at one stretch*　　　　[37] **sincerarse** justificarse

ella—. Lo que yo quería era casarme con él. Y como estaba
segura de que se me pondrían muchos inconvenientes...
   —Claro, claro; es lógico. Solución inteligentísima, y sobre todo
muy decente —rabió, sarcástico, el señor Martínez—. Los padres,
¡siempre incomprensivos! ¡Mire usted que oponerse a que su hija   5
pudiera casarse con semejante...! Oye, no me saques de tino°, que
aún no sé ni cómo...
   —Tienes razón, papá.
   —A buenas horas "tienes razón, papá". Además, ¿qué hablas de
inconvenientes, si nadie sospechaba siquiera...? ¡Qué locura,   10
Señor! Pero lo que yo no me explico, ni habrá quien esté dispuesto a creerse, es eso de que... Si es que lo que dices es verdad,
y ese sujeto te ha abandonado sin... Quizás ha tenido miedo a las
consecuencias. Así será; ¿qué otra cosa pudiera ser? Ya puedes
estar viendo la especie de títere° que era tu Romeo. ¡Ay, Dios   15
mío, qué locura!
   —Papá, muchas cosas tienes que perdonarme; muchas cosas.
Él se fue llevándose el dinero que yo te había sacado de la gaveta.
Perdóname, papá: te saqué de la gaveta el dinero que tenías allí;
soy una ladrona; no merezco...   20
   Por toda respuesta, el padre le buscó la mano a su afligida
criatura, dándole en ella un golpecito afectuoso. Y después de un
silencio muy prolongado —varios kilómetros de silencio, carretera adelante—, le dijo:
   —Podrás imaginarte en qué estado se encuentra tu pobre   25
madre.

Cuestionario

   1. ¿Qué noticia estalló un domingo por la mañana?
   2. ¿Qué llevó Julita consigo?
   3. ¿Qué novedad hubo por fin sobre Julita?
   4. ¿Qué había pasado cuando Julita y Vicente llegaron al hotel?
   5. ¿Cómo explican Julita y la dueña del hotel la desaparición de
      Vicente?

---

6 **no... tino** *don't exasperate me*   15 **títere** *whippersnapper*

6. ¿Cómo pasa Julita la noche?
7. ¿Qué le confiesa Julita a la señora a la mañana siguiente?
8. ¿Qué piensa hacer Julita cuando la dueña del hotel la deja sola?
9. ¿Qué pasa cuando el padre de Julita llega al hotel?
10. ¿Qué preguntas le hace el padre a Julita? ¿Por qué?
11. Según Julita, ¿por qué había huido con Vicente?
12. ¿Cuál es la reacción del padre cuando Julita le habla del dinero que le robó a su padre?

Temas

1. En esta parte de la novela, ¿qué averiguamos de la relación que existe entre padre e hija?
2. ¿En qué orden se cuentan los episodios del rapto mismo? ¿Por qué lo hace así el autor en vez de seguir un orden puramente cronológico? ¿Para qué sirven las preguntas del padre cuando el lector ya sabe las respuestas?
3. ¿Qué influencia de las películas vemos en los pensamientos de Julita?

Ejercicios Orales

I. VOSOTROS

vosotros → ustedes

EJEMPLO: ¿Paráis en este hotel?
¿**Paran (ustedes) en este hotel?**

1. ¿Coméis en este hotel?
2. ¿Salís de casa ahora?
3. ¿No estáis casados?
4. Vosotros venís huyendo.
5. Hacéis una barbaridad.
6. Esperabais abajo.
7. Queríais llegar cuanto antes.
8. ¿Dónde comisteis?
9. Os quedasteis a descansar.

10. Os habréis detenido a comer.
11. Contadme la historia.
12. Sentaos.

II. Falsos aliados: DESGRACIA y DISGUSTO

desgracia: *misfortune*
deshonra, ignominia, vergüenza: *disgrace*

A. Ejercicios de sustitución

El accidente fue una gran desgracia para la familia.

1. La muerte del padre ——————————————————.

2. El robo del dinero ——————————————————.

3. La desaparición de la niña ——————————————.

4. La enfermedad de la madre ——————————————.

Después del escándalo, la vergüenza nos envolvió a todos.

5. ————————— la ignominia ————————————.

6. ————————— la deshonra ————————————.

disgusto: *unpleasantness, annoyance, grief, dispute*
    disgustar: *to displease*
asco, repugnancia: *disgust*
    dar asco a, repugnar: *to disgust*

B. Emplee **disgusto** en las siguientes oraciones.

EJEMPLO: Patricio sintió una gran pena.
               Patricio sintió un gran disgusto.

1. Tuvo disputas con su hermano.
2. Esto le causó cierto fastidio.
3. Las mujeres le ocasionaban molestias.
4. Ha sufrido muchas penas.

C. Traduzca:

1. What a misfortune!
2. What a disgrace!
3. That displeases me.
4. That disgusts me.

III. RESULTAR y SALIR: *to turn out*

A. Conteste las siguientes preguntas de acuerdo con el ejemplo.

EJEMPLO: ¿Será fácil o difícil entenderse con los alemanes?
Resultará difícil.

1. ¿Es fácil o difícil descubrir los engaños de las mujeres?
2. ¿Es aburrido o divertido este libro?
3. ¿Fue fácil o difícil arreglar la entrevista?
4. ¿Fue secreta o pública la entrevista?
5. ¿Será posible o imposible aceptar este desprecio?
6. ¿Eran ciertas o falsas sus dudas respecto a Vicente?

B. resultar → salir

EJEMPLO: El alojamiento no le resultó caro.
El alojamiento no le salió caro.

1. La película resultó aburrida.
2. Estas camisas resultarán baratas.
3. Todas las mujeres resultan iguales.
4. Estas fotos me resultaron mejores.
5. La conversación ha resultado divertida.

IV. VUELTA

dar una vuelta: *to take a stroll; to make a short visit to a city or country*
dar vueltas: *to circle; to keep going over the same subject*
dar media vuelta: *to turn around*
de vuelta: *back, return*
  estar de vuelta: *to be back*
  viaje de vuelta: *return trip*
  billete de ida y vuelta: *round-trip ticket*

A. Emplee **dar una vuelta** en las siguientes oraciones.

EJEMPLO: Después de comer, quería dar un paseo.
Después de comer, quería dar una vuelta.

1. Hizo un corto viaje por España.
2. Vamos a pasearnos.
3. ¿Viajaste por Andalucía?
4. Dan un paseo por el campo.
5. Dábamos un paseo todas las tardes.

B. Usando una expresión con **vuelta**, conteste las siguientes oraciones.

EJEMPLO: ¿Ha regresado su amigo?
Sí, está de vuelta.

1. ¿Compras un billete de ida o de ida y vuelta?
2. ¿Han vuelto Julia y su padre?
3. ¿Ocurrió durante el viaje de ida o el de vuelta?
4. ¿Sigue viajando Vicente?
5. ¿Regresaron tus primos?

C. Emplee **dar media vuelta** o **dar vueltas** en las siguientes oraciones de acuerdo con los ejemplos.

volverse → dar media vuelta

EJEMPLO: Se volvió y salió.
Dio media vuelta y salió.

1. Me volví y salí.
2. Se volvió y me habló.
3. Nos volvimos y entramos de nuevo.

pensar en → dar vueltas a

EJEMPLO: Pensaba mucho en ello pero no lograba entenderlo.
Le daba vueltas pero no lograba entenderlo.

4. Seguía pensando en el problema.
5. No durmió por pensar en ello.
6. Pienso mucho en ello pero no lo comprendo.

56

Ejercicios Escritos

I. CUENTA y CUENTO

cuenta: *calculation, bill, account*
cuento: *story, tale, gossip*

Escriba **cuenta** o **cuento** según convenga.

1. Está echando _____ s para saber cuánto debe.

2. El señor Martínez pagó (el) (la) _____ de la habitación.

3. Vicente no quería que Julita inventara cualquier _____

   _____ para explicar su ausencia.

4. Acabo de leer un(a) _____ interesante.

5. El dueño del bar sacó (el) (la) _____ por las cervezas.

6. Vicente relata muchos(-as) _____s acerca de la vida en Alemania.

II. Los sufijos -AZO y -ADA

Usando los sufijos indicados en los ejemplos, escriba nuevas palabras que completan las siguientes oraciones.

EJEMPLO: **El golpe que se da con el puño es un <u>puñetazo</u>.**

1. El golpe que se da con la mano es un _____.

2. El golpe que se da con la puerta[1] es un _____.

3. La punzada *(prick)* de un alfiler *(pin)* es un _____.

   EJEMPLO: **El golpe que se da con la pata es una <u>patada</u>.**

[1] ue → o

4. El golpe que se da con la palma es una _____.

5. La herida que se da con un puñal es una _____.

6. Una acción propia de un canalla es una _____.

7. Una acción propia de un cerdo es una _____.

5

"Soy una cobarde —reflexionaba Julita—. No solo una estúpida, sino también, para colmo°, una cobarde. ¿Por qué no hice lo que tenía que haber hecho? Cuando uno comete un error debe estar dispuesto a pechar con° las consecuencias. Pero yo, cobarde, no he tenido el valor necesario para castigarme por mi propia mano y haberme así quitado de en medio°, redimiendo esta vergüenza que ahora nos envuelve a todos. Y como no he tenido valor para afrontar de una sola vez ese golpe decisivo que me hubiera puesto del otro lado, tendré que padecer en cambio el suplicio chino°, alfilerazos°, miraditas, alusiones y medias palabras, el desprecio, los suspiros, la destrucción lenta". Algo por el estilo iba reflexionando oscuramente, mientras el automóvil la conducía hacia el lugar del suplicio, es decir, al pueblo, que debía de estar todo tenso en dolorida, curiosa, burlona expectativa.

Su expresión era absorta como si ya se sintiera segregada

---

[2] **para colmo** *to top it off*
[4] **pechar con** asumir
[6] **quitado... medio** *gotten out of the way*

[10] **suplicio chino** *Chinese torture*
[10] **alfilerazos** *innuendos*

definitivamente del mundo. Pero bajo ese aspecto de embota-
miento° se agitaban en confusión los detalles —sueltos y ex-
traños, remotos— de aquello que con tanta intensidad había
vivido en los días anteriores hasta alcanzar el punto desastroso en
que ahora se hallaba. El propio Vicente de la Roca, con quien   5
acababa de fugarse y que, solo pocas horas hacía, desapareció de
su lado dejándola abandonada, se presentaba a su mente como
una figura lejana y desteñida° por el tiempo, cuyos rasgos° cuesta
no pequeño esfuerzo recordar. Ya nada le decía; no era nada
para ella; no le inspiraba ni siquiera indignación u odio, sino   10
mera curiosidad. ¿Quién era ese Vicente de la Roca? ¿Cómo era
Vicente de la Roca? Le parecía vislumbrar° a la distancia su
cabeza bien peinada en el grupo de los muchachos donde también estaban Fructuoso y Patricio y todos los otros, como uno
más, pero distinto: el centro de la conversación siempre, quien   15
más hablaba, al que escuchaban todos... Antes de haberlo visto
por vez primera, ya los comentarios de su llegada al pueblo le
habían llenado los oídos, ¡cómo no!; corrían de boca en boca y
—se comprende— entre las chicas era aún mayor la excitación,
por lo mismo que debía mantenerse disimulada bajo una capa de   20
desdeñosa indiferencia.

En realidad, aun antes de que hubiera podido ella echarle
siquiera la vista encima, ya su leyenda —no pregonada° en la
plaza por heraldos ni juglares°, sino más bien susurrada por
labios de chiquillas noveleras— había quedado establecida con   25
un prestigio deslumbrante° en la grisácea° existencia del pueblo.
El joven héroe regresaba desde el fondo de un pasado temible y
muy cargado de turbias emociones, trayendo consigo como un
aura° el resplandor alegre, la agilidad y la incomparable soltura
de aquellas regiones más ricas y felices donde entre tanto había   30
habitado. Se ponderaba su motocicleta, se comentaba sobre su
ropa, su peinado, sus uñas pulidas°; se repetían sus frases. Y
cuando, muy pronto, Julita se cruzó un día con él por la calle
(desde luego, no hizo falta que nadie le advirtiera "ése es"), ya
sabía también sin que nadie se lo hubiera dicho que todas sus   35

[2] **embotamiento** *dullness*	[24] **juglares** *minstrels*
[8] **desteñida** *faded*	[26] **deslumbrante** *brillante*
[8] **rasgos** *features*	[26] **grisácea** *grayish*
[12] **vislumbrar** *to glimpse*	[29] **aura** *brisa*
[23] **pregonada** *proclamada*	[32] **uñas pulidas** *clean fingernails*

60

amigas soñaban con la eventualidad de atraer la atención del forastero.

Por supuesto, ninguna iba a confesarlo, y menos, confesárselo a ella, a Julita Martínez. La tenían por orgullosa y vana, y no
5 ignoraba ella cuánto pasmo° y cuánta envidia les producía el que, solicitada con ahínco° por los dos mejores partidos° del pueblo (para no hablar de tantos y tantos otros que ni siquiera se atrevían a solicitarla), se mantuviera a igual distancia de Patricio Tejera y de Fructuoso Trías, sin matar sus esperanzas
10 rivales ni tampoco alentar° en particular las de ninguno de ellos. "Actitud coqueta", le reprochaban las otras, bien podía adivinarlo. Pero, aun cuando fuera innegable que le causaba una cierta satisfacción el prolongar aquella porfía° teniendo a raya° a quienes muchísimas se hubieran vuelto locas por capturar, sus
15 motivos no eran tan superficiales: pensaba que, siendo como sin duda eran buenos, simpáticos y bien acomodados°, tanto el Fructuoso como el Patricio, la perspectiva de pasarse allí en el pueblo el resto de su vida, haciendo quizás a Madrid escapatorias más breves y cada vez más espaciadas que las que solía
20 hacer ahora con su madre dos veces por año, era una perspectiva poco halagüeña°. Y como quiera que su edad corta le permitía postergar la decisión, mejor era no comprometerse tan pronto y dar lugar hasta más ver, pues nunca se sabe lo que acaso traiga la vida.

25 Muy lejos estaba la desgraciada de imaginarse que la vida iba a traerle esto que en definitiva le había traído. Cuando Vicente de la Roca apareció en el horizonte, ella no lo consideró —ni jamás hubiera podido considerarlo, ¡qué disparate!,— como una posibilidad seria para ella, por mucho que a otras pudieran
30 alegrársele las pajarillas°. ¿Cómo había de pasársele por las mientes semejante idea? Tan por encima se sentía, que ni siquiera tuvo inconveniente en divertirse charlando con él a sus anchas: era una travesura° entretenida, y nada más. ¿Qué otra cosa podía haber sido? El sujeto resultaba de veras agradable: un tipo chis-

---

5 **pasmo** admiración
6 **ahínco** ardor
6 **partidos** *matches*
10 **alentar** animar
13 **porfía** obstinación
13 **teniendo a raya** *holding at bay*

16 **acomodados** ricos
21 **halagüeña** atractiva
30 **alegrársele las pajarillas** hacerse ilusiones
33 **travesura** conversación divertida

toso y oportuno°; un individuo con labia. Desde su primer encuentro, ahí en el Cinema Mundial (y, ¡qué casualidad!, ¡qué ironía!, Patricio Tejera había sido precisamente quien entonces, oficioso°, los había puesto en contacto), desde esa vez primera la atmósfera entre ellos fue, y seguiría siéndolo siempre, despreocupada° y divertida. El hombre sabía darle un tono ligero a la conversación; disponía de muchos temas y los manejaba con soltura; no se ahogaba por cierto en un vaso de agua°. Podría, si se quiere, ser lo que se llama un fresco, pero un fresco simpático, capaz de romper cualquier nudo saliendo del paso° con una chuscada° y de resolver en risa cualquier pequeña traba° del diálogo. En suma, daba gusto charlar con él. Con él la charla no discurría sobre los carriles trillados°; ofrecía pequeñas sorpresas, cosas imprevistas; era una charla estimulante.

Cuando hubieron de separarse aquel primer día, porque ya sonaba el timbre e iba a empezar la película, y el bueno de Patricio volvió a arrimarse° al forastero, éste prometió a su nueva conocida: "Bueno, adiós; ya habrá ocasión de que termine de contarlo."

Pero cualquiera que el cuento fuere, había de ser como el de *Las mil y una noches°*. Aquella tarde la película resultó una de esas pelmacerías que de vez en cuando te colocan; y mientras que la prima Tina, con quien Julita estaba, parecía encantada de sus tontas peripecias°, ella se distrajo a su vez repasando *in mente* las fruslerías que, cual baratijas de feria, había desplegado ante su vista el tal Vicente de la Roca°.

A la salida del cine se habían saludado de lejos con la efusión de viejos amigos, y como viejos amigos volvieron a hablar cada vez que de nuevo se encontraban, siendo sabido que en los pueblos la gente se encuentra a cada paso, por si no hubiera

---

[1] **chistoso y oportuno** *witty and clever*
[4] **oficioso** servicial
[6] **despreocupada** *carefree*
[8] **no... agua** no se preocupaba por poca cosa
[10] **del paso** de la dificultad
[11] **una chuscada** un chiste
[11] **traba** dificultad
[13] **discurría... trillados** *didn't ramble along the beaten tracks*

[17] **arrimarse** acercarse
[21] **Las... noches** cuento sin fin que Scherezade seguía contando para no ser matada por el rey
[24] **peripecias** *ups and downs*
[26] **las... Roca** *the trifles that, like trinkets at a fair, Vicente de la Roca had spread before her eyes*

bastado la diligencia extraña que Patricio Tejera ponía en reunirlos.

Siempre que coincidían en un grupo de chicas y chicos procuraba Julita demostrarles que si el forastero tenía agallas° para imponerse con toda naturalidad como el rey del cotarro° —un rey usurpador sin duda, y a duras penas° reconocido, pero aceptado de hecho—, ella era por derecho propio la reina legítima, a quien todos debían acatar°. Y así, la conversación general quedaba polarizada entre ambos. Un juego entretenido y hasta, si se quiere, apasionante; pero nada más que juego. ¿Por qué, entonces, ella, sin vacilar un instante, le había dado cita apenas, aprovechando cualquier momentánea ocasión, le dijo él un día que necesita hablarle a solas? ¿Por qué? Se lo preguntaba a sí misma, y se sorprendía de su conducta propia como si estuviera juzgando la de una extraña. Ni por un solo instante había vacilado; ni una sombra de duda. Hubiérase dicho que esperaba ese momento y que incluso tenía discurrida la manera de arreglar una entrevista con visos de casual y, sin embargo, razonablemente secreta.

Secreta resultó en efecto, a pesar de tener lugar al aire libre y de que cualquiera que acertara a pasar por allí hubiera podido presenciarla. Pero no pasó nadie, y nadie se percató de° que, yendo Julita hacia la iglesia, bien temprano, con su velo sobre los ojos y el libro de misa en la mano, se había tropezado con el forastero, justo en la placita donde está la entrada de la sacristía, y de que en medio de aquella plaza se habían parado a conversar un rato.

—A ver: ¿qué es lo que querías decirme? —le preguntó ella inmediatamente.

—Quería decirte que qué es lo que haces tú aquí, metida en este pueblo. ¿No conoces la fábula de la perla en el muladar°? —replicó él.

—Ni esto es un muladar ni yo soy tampoco ninguna perla —protestó, rápida, Julita.

Pero Vicente no hizo caso de su protesta. Sin molestarse en refutarla, añadió:

—Mira. Yo tengo que irme ya dentro de pocos días. Si no

---

⁴ **agallas** valor
⁵ **del cotarro** de la reunión
⁶ **a duras penas** con gran dificultad
⁸ **acatar** reverenciar
²¹ **se percató de** notó
³⁰ **muladar** *dunghill*

fuera por lo que es, ya hace tiempo que me hubiera ido. Me voy dentro de unos días, y tú vas a venirte conmigo.

—¿Qué? ¿Qué dices? ¿Te has vuelto loco?

—A lo mejor me he vuelto loco; pero, loco y todo, tú te vienes conmigo. Primero, a París: ¡ya verás! Y luego, cuando el dinero ⁵ se nos haya acabado, a Alemania, donde uno puede vivir como un emperador con su mujercita.

—¡Estás loco! —concluyó ella mirándolo con asombro. Hubiera debido indignarse, ofenderse; pero se echó a reír. Repitió—: Estás más loco que una cabra. ¹⁰

—Ya verás tú, chiquilla, lo felices que vamos a ser. No te digo más. Y ahora, nena°, ¡adiós!: a misa.

Eso fue todo: cuestión de un momento. Con los ojos entornados° y reclinada la cabeza en el respaldo° del asiento mientras que el automóvil tragaba kilómetros para devolverla al redil°, no ¹⁵ conseguía Julita convencerse de que ella, Julia Martínez, hubiera podido incurrir° con tan absurda facilidad en disparate semejante.

Hubo, por supuesto, después de esa conversación insensata, varios papelitos furtivos y otros apresurados diálogos en que los ²⁰ detalles de la fuga quedaron convenidos. Pero ésta, la fuga, había sido ya cosa resuelta en su ánimo desde el momento mismo en que Vicente, con tanto desparpajo° y tanta caradura°, se la había propuesto ahí en la placita a espaldas de la iglesia. Quizás es que a ella se le resistía la perspectiva de quedarse empan- ²⁵ tanada° en la desolación del pueblo una vez que el héroe de la motocicleta hubiera desaparecido, y como esto le resultaba in- concebible, ¿para qué pararse a pensar en las consecuencias?

Ahora, tras del batacazo°, todas esas consecuencias en que no había pensado se le venían de golpe° encima de la cabeza. "Podrás ³⁰ imaginarte en qué estado se encuentra tu pobre madre", le había reprochado el padre, tristísimo. Y, ¡claro está que se lo imagin- aba! ¡Ojalá este viaje de regreso no terminara nunca! En su fan- tasía, hasta deseó que un accidente viniera a ponerle trágico fin.

---

¹² **nena** *baby*
¹⁴ **entornados** a medio cerrar
¹⁴ **respaldo** *back*
¹⁵ **redil** *sheepfold*
¹⁷ **incurrir... en** *to bring... on oneself*

²³ **desparpajo** impudencia
²³ **caradura** desvergüenza
²⁶ **empantanada** *submerged*
²⁹ **batacazo** caída
³⁰ **de golpe** de pronto

Ya veía el automóvil aplastado° contra un árbol con ellos dos hechos papilla° dentro, y como, al mismo tiempo, el automóvil seguía avanzando imperturbablemente; le sorprendía y le irritaba el que su padre pudiera conducirlo con una presencia de espíritu
5 y serenidad increíbles dado el estado en que también él debia de encontrarse. Sí, un accidente a tiempo evitaría tantas cosas que de otro modo eran inevitables...

Pero, accidente no lo hubo. El coche, implacable, completó la jornada°; entró por último en el pueblo, ya bien anochecido; se
10 detuvo ante la casa, y Julita no tuvo más remedio que afrontar el ambiente de duelo° —duelo y velorio°, sin duda, por su virginidad difunta°, por su honra maltrecha°—, y bajar la vista ante las miradas de ansiedad que, con ojos enrojecidos y lastimeros°, le asestaba° su madre.

15 El señor Martínez se apresuró a tranquilizar con toda discreción, y no sin algún esfuerzo, a su angustiosa cónyuge°. Y cuando hubo logrado persuadir a la pobre señora de que la hija volvía incólume° después de todo, una vez asegurada sobre este punto de integridad° (¡así son las cosas de este mundo!), sintió tal alivio
20 su corazón materno que, estrujando° a Julita entre los brazos la llenó de besos y de alegres lágrimas, y se desvivió° en seguida por servirle una cena que esta pobre criatura, aunque avergonzada, tragó con voracísimo apetito.

En definitiva, decidieron los Martínez Álvar que al día siguiente
25 madre e hija saldrían para pasarse una temporada° en Madrid como otras veces, aunque probablemente algo más prolongada que otras veces.

Cuestionario

1. ¿Por qué piensa Julita que es cobarde?
2. ¿Para ella, qué es su pueblo ahora?

[1] **aplastado** *smashed*
[2] **hechos papilla** *smashed to bits*
[9] **la jornada** el viaje
[11] **ambiente de duelo** *atmosphere of mourning*
[11] **velorio** *wake*
[12] **difunta** muerta
[12] **maltrecha** *damaged*

[14] **lastimeros** tristes
[14] **asestaba** dirigía
[16] **cónyuge** esposa
[18] **incólume** sin daño
[19] **integridad** virginidad
[20] **estrujando** *squeezing*
[21] **se desvivió por** *was anxious to*
[25] **una temporada** algún tiempo

3. ¿Cómo se presenta Vicente ahora en la mente de Julita?
4. ¿Qué leyenda había circulado en cuanto a Vicente?
5. ¿Por qué no había decidido Julita entre Patricio y Fructuoso?
6. Al principio, ¿cuál era la actitud de Julita hacia Vicente?
7. ¿Por qué le había dado cita a Vicente para hablarle a solas?
8. ¿Dónde tuvo lugar la entrevista?
9. ¿Qué le dijo Vicente a Julita?
10. ¿Cuál fue la reacción de Julita?
11. ¿Qué pasó después de la conversación?
12. ¿Por qué quiere Julita que tengan un accidente?
13. ¿En qué estado está la madre?
14. ¿Qué van a hacer Julita y su madre a causa del escándalo?

Temas

1. ¿Por qué nos presenta el autor lo anterior al rapto a través de los recuerdos de Julita?
2. ¿Está bien desarrollado el carácter de Julita? Explique.
3. Varias veces el autor compara a Julita con animales o a Vicente con héroes literarios. Por ejemplo, Julita es "el lindo pajarito" que "había volado de la jaula" y "la descarriada ovejuela" que vuelve "al redil." Vicente es el joven héroe de una leyenda, aunque "no pregonada en la plaza por heraldos ni juglares" como los héroes de la Edad Media. ¿Para qué sirven tales comparaciones y metáforas? ¿Se encuentran en la novela otros ejemplos de esta técnica?

Ejercicios Orales

I. SOLER: *to be accustomed to*

Suele estudiar mucho: *He usually studies a lot.*
Solía estudiar mucho: *He used to study a lot.*

imperfecto → soler

EJEMPLO: Iba a Madrid dos veses al año.
        Solía ir a Madrid dos veces al año.

1. Hacía muchos viajes con su madre.
2. Vicente la llamaba Dulcinea.

3. Íbamos juntos al cine.
4. Compraban su ropa en Madrid.
5. Se divertía charlando con él.

II. CASUALIDAD: *chance, coincidence*

por casualidad: *by chance, by coincidence*
    La vi por casualidad: *I happened to see her.*
da la casualidad (que): *it happens (that)*
    Dio la casualidad que su padre conocía al mío: *It happened that his father knew mine.*

Traduzca:

1. What a coincidence!
2. By chance we took the same train.
3. It happens that we are leaving at the same time.
4. I happened to leave at the same time.
5. She discovered the truth by chance.

III. OCURRIR, PASAR, SUCEDER: *to happen*

A. Ejercicios de sustitución

    ¿Cuándo ocurrió el accidente?

1. ¿——————————— pasó ———————————.

2. ¿——————————————————— accidentes?

3. ¿——————————— sucedieron ——————————?

4. ¿——————————— ocurrieron ——————————?

¿Qué le sucedió a usted?

5. ¿——————————————————— ellos?

6. ¿——————————— pasó ——————————?

7. ¿——————————————————— ustedes?

8. ¿——————————— ocurrió ——————————?

B. Traduzca:

1. What's happening in the street?
2. I happened to be there.
3. Do you happen to know the answer?
4. I don't know what happened.

IV. REMEDIO

remedio: *remedy, help, recourse*
sin remedio: *unavoidable, hopeless*
No hay (tiene) remedio: *It can't be helped.*
No tengo más remedio que hacerlo: *I have to do it.*
No hay más remedio que admitirlo: *There's nothing to do but admit it.*

A. Conteste a las siguientes preguntas de acuerdo con el ejemplo.

EJEMPLO: ¿Busca Patricio a su amigo?
Sí, no tiene más remedio que buscarle.

1. ¿Abandona Vicente a la muchacha?
2. ¿Vuelve Julita a casa?
3. ¿Afronta la tristeza de su madre?
4. ¿Van las mujeres a Madrid?
5. ¿Lo explica el padre al pueblo?

B. Traduzca:

1. It's a hopeless case.
2. It can't be helped.
3. I have no other way out.
4. There's nothing to do but call the police.

V. VEZ

a su vez: *in (his) turn*
alguna que otra vez: *once in a while*
cada vez más + adjetivo: **more and more** + adjetivo
de vez en cuando: *once in a while*
de una vez: *once (and) for all*
dos veces: *twice*
otra vez: *again*

A. Emplee **de vez cuando** en las siguientes oraciones.

EJEMPLO: Alguna que otra vez las películas son aburridas.
De vez en cuando las películas son aburridas.

1. Podría prestarle la moto alguna que otra vez.
2. Interrumpió la lectura de cuando en cuando.
3. Me escribe alguna que otra vez.
4. La visitamos de cuando en cuando.
5. Pasaban las vacaciones en España alguna que otra vez.
6. Solo voy al cine de cuando en cuando.

B. Emplee **cada vez más** en las siguientes oraciones de acuerdo con el ejemplo.

EJEMPLO: Sus viajes son más y más espaciados.
Sus viajes son cada vez más espaciados.

1. Se siente más y más débil.
2. La muchacha se pone más y más nerviosa.
3. El viento parece más y más violento.
4. El accionista se hace más y más rico.
5. Me siento más y más cansado.

C. Ejercicio de sustitución

Van a Madrid dos veces por año.

1. _____tres _____.

2. _____una _____.

3. _____varias _____.

4. _____muchas _____.

D. Usando expresiones con **vez**, traduzca las siguientes oraciones.

1. She in turn got up.
2. He has decided it once and for all.
3. They read the letter again.
4. We went to Spain twice.
5. His trips are longer and longer.
6. She goes to Madrid once in a while.

VI. EXPECT y REFLECT

to expect: **esperar**
to reflect (as to show): **reflejar**
to reflect (as to meditate): **reflexionar**

En cada grupo de oraciones, repita la primera oración y traduzca las otras dos.

EJEMPLO: Lo reflexionaré.   **Lo reflexionaré.**
          I'll reflect on it.   **Lo reflexionaré.**
          We'll reflect on it.   **Lo reflexionaremos.**

1. Era menos difícil de lo que esperaba.
   It was less difficult than he expected.
   It was less difficult than we expected.

2. No espero más cartas de Vicente.
   I don't expect more letters from Vicente.
   Patricio doesn't expect more letters from Vicente.

3. Su expresión refleja su angustia.
   Her expression reflects her anguish.
   Her words reflect her anguish.

4. Julita reflexionaba sobre su deshonra.
   Julita was reflecting upon her disgrace.
   Julita and her father were reflecting upon her disgrace.

VII. POR EL ESTILO: *of the kind, like that, in that manner*

parecido(s) → **por el estilo**

EJEMPLO: Reflexionaba algo parecido.
          Reflexionaba algo por el estilo.

1. Dijo eso o algo parecido.
2. Es ingeniero o algo parecido.
3. Escribió estos poemas u otros parecidos.
4. Nos contó esa historia y otras parecidas.
5. Vamos a leer este drama y otros parecidos.

6

Don Lucio Martínez era, según habrá podido comprobarse, no solo un padre excelente, sino persona de muy buen sentido. Por no poner en movimiento el temible aparato de policía y juzgado, se abstuvo de denunciar el robo de las alhajas,
5 haciendo saber a quien quisiera oírle que esos valores y todo el dinero del mundo los daba por bien perdidos, e incluso le perdonaba a aquel granuja despreciable su infame fechoría°, a cambio de que hubiera respetado a la muchacha permitiendo recuperarla intacta y sin otro daño que el que ella misma se había
10 ocasionado —y no era escaso, por cierto— con su niñería estúpida resultado de tantas fantasías y pamplinas° como ocupan la ociosidad° de estas jovencitas consentidas° y malcriadas°.

Sin dificultad hubiera podido abusar aquel aventurero de la incauta°, y si no lo hizo (para qué engañarse) no sería de seguro
15 por consideraciones de decencia o de compasión. Debió de ser que se asustó, eso es lo más probable; y no hay duda de que hizo muy bien en asustarse, pues de otro modo es claro que el señor Mar-

---

7 **fechoría** *villainy*
11 **pamplinas** tonterías
12 **ociosidad** inactividad

12 **consentidas** *spoiled*
12 **malcriadas** mal educadas
14 **incauta** inocente

tínez lo hubiera perseguido y buscado hasta dar con él aunque
fuera debajo de la tierra; mientras que así, en cambio, el grand-
ísimo pillo° había salido bastante bien librado°, llevándose lo
que para él, un muerto de hambre, equivalía a una fortunita.

Esta versión, hay que reconocerlo, era muy plausible. El pueblo 5
entero la aceptó y la adoptó como suya, a la vez que reventaban°
con furia todos los resentimientos larvados° contra el intruso
Vicente de la Roca. Los reticentes, los que se habían sentido
humillados o envidiosos de un modo u otro, aprovecharon con
gusto la hora del desquite°. No hubo detalle susceptible de inter- 10
pretación malévola o de juicio despectivo° que no saliera a relucir; se recordaban sus palabras, sus gestos, sus omisiones; se su-
brayaban° sus defectos supuestos o reales, y, ¿quién no pretendía
haber previsto que debía terminar haciendo alguna barrabasada°?

Todo esto constituyó una fuente de pequeñas satisfacciones 15
para la mayor parte de las gentes que, sin ser lo que se dice
malintencionadas, no pueden, sin embargo, privarse de experimentar un placer dudoso cada vez que se desmorona° algo considerado en algún sentido superior o distinto. Rebajar a Vicente
de la Roca hasta ponerlo por los suelos° y todavía escupirle° en- 20
cima significaba, al mismo tiempo que un regodeo° muy sabroso,
vengarse de las altanerías° de la Julita Martínez y hasta de la
fortuna de su progenitor. ¡Qué gusto, poder compadecer a estos
encumbrados°, sentir piedad de estos arrogantes! Pero en medio
de tan comprensible orgía de sentimientos piadosos y mezquinos°, 25
dos personas al menos (y al decir "al menos" se entiende que
quizá no fueran las únicas) recibieron lo ocurrido como en golpe
terrible del que, tal vez, nunca consiguieran reponerse°. Esas dos
personas eran, como se adivinará, los pretendientes° de Julita.

Fructuoso Trías, violento de temperamento y resuelto de carác- 30
ter, quiso al primer pronto salir en persecución de los fugitivos

---

³ **pillo** granuja
³ **había... librado** había obtenido
   ventajas
⁶ **reventaban** estallaban
⁷ **larvados** ocultos
¹⁰ **desquite** venganza
¹¹ **despectivo** *disparaging*
¹³ **se subrayaban** se daba énfasis a
¹⁴ **barrabasada** barbaridad
¹⁸ **se desmorona** se destruye

²⁰ **ponerlo... suelos** *cast him aside*
²⁰ **escupirle** *spit on him*
²¹ **regodeo** placer
²² **altanerías** arrogancia
²⁴ **encumbrados** *lofty people*
²⁵ **piadosos y mezquinos** *pious and
   petty*
²⁸ **reponerse** *recover*
²⁹ **pretendientes de** que cortejaban a

72

para cometer con ellos una barbaridad; pero, ¿dónde los buscaría?
Luego, cuando se supo que la oveja descarriada había vuelto en
compañía de su señor padre, intentó verla —decía— para cantarle las verdades, y al darse de cara con el señor padre (pues
5 madre e hija acababan de salir camino de Madrid), éste, don
Lucio, le hizo pasar° y se extendió° en razonamientos que terminaron por convencerle de que en un caso así lo mejor es no
remover demasiado las cosas y estarse quieto y cerrar el pico°, y
dejar tiempo al tiempo, y Dios diría. Con lo cual se volvió a su
10 casa y a sus quehaceres° hecho un veneno°, sí, pero resignado a
descargar su indignación con puñetazos sobre la mesa y malos
modos a sus dependientes°.

Esto, en cuanto a Fructuoso. El Patricio Tejera tenía una
manera de ser° más apacible, melancólica y reflexiva. Ni por un
15 instante se le ocurrió que estuviera en su mano intentar nada de
provecho°. Se había quedado turulato°. Y su anonadamiento° se
debía en gran parte a la conciencia de haber contribuido —siquiera fuese involuntariamente y con la mejor de las intenciones— a desencadenar° los hechos que ahora, de rechazo°,
20 azotándole° la cara, lo herían en forma tan cruel. Se increpaba
a sí mismo° por necio° y majadero, pensando en la de veces que
había hecho, no ya la apología, sino el más ardiente panegírico
del tal Vicente de la Roca, y no ya delante de tirios y troyanos°
(que ahora se reirían de él a coro), sino delante de la propia
25 Julita. A lo mejor fue él quien encendió así la primera chispa°
en su imaginación juvenil, provocando el absurdo encandila-
miento° que debió llevarla al disparate; pues solo en estado de
sonambúlica fascinación puede explicarse cosa tal en criatura tan
inteligente, tan recatada°, de tan buen criterio° siempre para

---

6 **le hizo pasar**   le invitó a entrar
6 **se extendió**   *went on and on*
8 **el pico**   la boca
10 **quehaceres**   tareas
10 **hecho un veneno**   furioso
12 **dependientes**   empleados
14 **una... ser**   un carácter
16 **de provecho**   útil
16 **turulato**   *dumfounded*
16 **anonadamiento**   perplejidad
19 **desencadenar**   poner en
   movimiento

19 **de rechazo**   *on the rebound*
20 **azotándole**   golpeándole
21 **Se... mismo**   *He rebuked himself*
21 **necio**   estúpido
23 **tirios y troyanos**   los que tienen
   opiniones opuestas
25 **chispa**   *spark*
27 **encandilamiento**
   deslumbramiento
29 **recatada**   prudente
29 **criterio**   juicio

todo, y —lo que es más— tan orgullosa y tan poseída de su alta
dignidad. Una ráfaga° de locura tenía que haber sido, y quizá
era él el culpable de habérsela comunicado...

Con estas lucubraciones° y otras por el estilo, en la vejación°
del abatido° Patricio se mezclaban el dolor producido por la 5
desgracia de su Dulcinea (como aquel miserable solía nombrarla)
y la vergüenza ardiente de haberse dejado engañar de manera
ignominiosa por un sujeto a quien él, ¡estúpido!, había otorgado°
(¡sin merecerlo!, ahí estaba el mal; ésa era su culpa) trato de
amigo y que, con perfidia inaudita°, so pretexto de abrazarlo, le 10
había clavado el puñal° por la espalda. Encerrado en su casa
durante tres o cuatro días y sin salir casi de ella, salvo para alguna que otra ocupación urgentísima, lo que más le deprimía° y
asombraba era la revelación repentina, bajo las apariencias fa-
miliares de Julita y Vicente, de dos personajes tan distintos y tan 15
alejados del concepto en que hasta entonces los había tenido.
Todavía lo de Julita solo podía interpretarse como efecto de una
alucinación momentánea; otra cosa no podía ser: ¡aquella encarnación de las perfecciones divinas, que apenas condescendía a
pisar la tierra, fugándose de la noche a la mañana como una 2
deschavetada cualquiera°, como una pelandusca° de tres al
cuarto°, con el primer advenedizo° que se pone a hacer la rueda
frente a° ella para desplegar los oropeles° de una bisutería°
barata...! Pero, ¿acaso él mismo, Patricio, no había quedado fasci-
nado también él, y antes que nadie, por los prestigios del tal 25
aventurero? Como un palurdo, había dejado que ese charlatán y
prestidigitador° de feria lo atrapara°, y ahora cuando, destapán-
dose° de improviso con espectacular golpe de teatro°, desaparece
por el foro° y deja tan solo el eco de una carcajada° demoníaca,

² **ráfaga** *burst*	²² **advenedizo** intruso
⁴ **lucubraciones** *trivial objections*	²³ **hacer... a** *to play up to*
⁴ **vejación** molestia	²³ **oropeles** adornos
⁵ **abatido** *downcast*	²³ **bisutería** joyas de imitación
⁸ **otorgado** dado	²⁷ **prestidigitador** *sleight-of-hand artist*
¹⁰ **inaudita** increíble	²⁷ **atrapara** engañara
¹¹ **clavado el puñal** *stuck a knife*	²⁸ **destapándose** descubriéndose
¹³ **deprimía** *depressed*	²⁸ **golpe de teatro** *dramatic turn of events*
²¹ **deschavetada cualquiera** *any rattlebrained female*	²⁹ **foro** fondo de la escena
²¹ **pelandusca** prostituta	²⁹ **carcajada** risa violenta
²² **de tres... cuarto** de poca importancia	

a él no le restaba sino rumiar°, perfecto imbécil, sobre el chasco°
sufrido.

El tiempo, que es bálsamo para todas las llagas° y que, al fin,
amarillea las cárdenas huellas° de cualquier golpe, pronto sa-
5 naría° también —¡a qué dudarlo!— los corazones heridos de
estos dos desdeñados amantes. Por el momento, Fructuoso y
Patricio, cuya vieja amistad había sabido resistir a la pugna° de
sus pretensiones rivales, se sintieron ahora atraídos de nuevo el
uno hacia el otro por su común fracaso° y desventura°.
10 Y así, una mañana de domingo, pocos días después del deplor-
able episodio, echándose las escopetas° al hombro por si algún
gazapo° se les cruzaba o levantaba el vuelo alguna codorniz°,
salieron del pueblo para —con pretexto de cacería°— tener ocasión holgada° de comunicarse sus conturbados° pensamientos.
15 Frases embarazadas, vacilantes y alusivas desbrozaron° el dificultoso diálogo mientras caminaban campo adelante. Pero cuando
ya la fría niebla, a través de la cual debían abordar el tema, se
hubo disipado entre ellos, ambos cazadores° tomaron asiento en
sendos peñascos° bajo un árbol y, contemplados por los perros
20 que se habían tendido a sus pies como para escucharles, Patricio
juntamente y Fructuoso, con tonos dolientes el primero, y despechados e iracundos° el otro, lamentaron largamente su desengaño.
A las discretas y melancólicas consideraciones de Patricio lasti-
25 mado sobre todo por la traición de quien había tenido por amigo
("¡es cosa que no cabe en cabeza humana!", se repetía una y otra
vez), pero más bien compadecido de la infeliz Julita, víctima
como él mismo de las artes malignas de aquel sujeto detestable,
oponía el Fructuoso, que desde un primer momento había mirado

---

[1] **rumiar** meditar
[1] **chasco** desilusión
[3] **llagas** heridas
[4] **amarillea... huellas** *yellows the purple traces*
[5] **sanaría** curaría
[7] **pugna** oposición
[9] **fracaso** *failure*
[9] **desventura** desgracia
[11] **escopetas** *shotguns*
[12] **gazapo** *young rabbit*

[12] **levantaba... codorniz** *some quail took flight*
[13] **cacería** *hunting party*
[14] **holgada** *leisurely*
[14] **conturbados** confusos
[15] **desbrozaron** aclararon
[18] **cazadores** *hunters*
[19] **en sendos peñascos** *each one on a rock*
[22] **despechados e iracundos** *spiteful and angry*

siempre al intruso con su poquitín de sospecha y había desaprobado en el fondo la actitud demasiado abierta que "algunos" —lo decía así para no personalizar— asumieron frente a aquel desconocido, mostraba, digo, mayor intransigencia; no se inclinaba a ser tan indulgente con la muchacha que, como mujer y por respeto a su posición y familia, estaba obligada a haberse conducido en manera bastante más circunspecta y prudente. Para dejarse capturar por sus mañas° —alegaba— era necesario que ella se hubiera acercado temerariamente a la trampa tendida por el cazador furtivo, ¿no era cierto?; y a esta observación tan razonable no podía contestar Patricio sino con un tristísimo suspiro en cuya profundidad se ocultaba el apesadumbrado° reconocimiento de que él mismo era quien, sin advertir el peligro, la había empujado a la zanja° donde por último caerían todos revueltos; de modo que sobre su propia cabeza debía pesar también cualquier responsabilidad por la imprudencia de Julita.

El quejarse es cosa que alivia el dolor, y saber que el prójimo° lo comparte ayuda a soportarlo°. Cuando nuestros jóvenes se hubieron desahogado° hasta más no poder° y ya no les quedaba nada de qué lamentarse ni qué decir, Fructuoso se alzó del rústico asiento y, dándole una palmada en el hombro a Patricio, le propuso:

—Bueno, anda; vámonos de vuelta. La cosa ya no tiene remedio, y es a golpes cómo aprenden hombres y bestias.

Con lo cual regresaron en un silencio que, dispuestos según iban a dejarse anegar° de nuevo en la consoladora grisura de la existencia cotidiana°, parecía destinado a sellar° para siempre el desdichado episodio.

Sin embargo, el episodio no estaba cerrado todavía: esta novelita tiene su epílogo.

Dos o tres semanas más tarde el cartero entregó a don Patricio Tejera, entre otra correspondencia, un sobre bastante grueso con

---

[8] **mañas**   *cunning*
[12] **apesadumbrado**   afligido
[14] **zanja**   *ditch*
[17] **prójimo**   *fellow man*
[18] **soportarlo**   aguantarlo
[19] **se hubieron desahogado**   *had unbosomed themselves*

[19] **hasta... poder**   lo más posible
[26] **anegar**   hundir
[27] **cotidiana**   diaria
[27] **sellar**   cerrar

sello de Alemania, y al abrirlo, el destinatario se encontró entre
sus manos temblorosas con una larguísima carta... ¿De quién?
Pues, ¿de quién, si no? Del Vicente de la Roca, que con un cinismo más allá de toda medida se atrevía todavía a escribirle.

5 Demudado°, leyó Patricio una y otra vez, y otra más, y otra,
los seis pliegos° del apretado manuscrito. La carta de Vicente
decía así:

"Patricio, querido amigo:
"Suspende, por favor, la ira que, de seguro, sentirás en contra
10 mía, hasta tanto hayas terminado de leer esta carta. Quizás para
entonces esa ira se te cambie en reconocimiento, y vuelva a prevalecer en tu ánimo el afecto que creo merecer de ti.
"Has recibido un desengaño por mi mano, es cierto. Y lo más
probable es que te haya dolido como un golpe bajo. Pero si bien
15 lo miras, tendrás que comprender sin necesidad de explicación
ninguna: ese golpe, ese desengaño, por cruel que haya sido, te
libera de unas ilusiones demasiado peligrosas obligándote a abrir
los ojos sobre la realidad. Habrás podido convencerte por fin de
que, puesta a prueba, tu adorada Dulcinea ha resultado igual que
20 todas las demás. Ésa es natural condición de mujeres: desdeñar a
quien las quiere y amar a quien las aborrece.
"Ya te oigo llamarme a gritos, en tu corazón, traidor y mal
amigo. Pues te prometo y te juro, querido Patricio, que a mí me
hiere tanto como a ti mismo, y aún más que a ti, el sufrimiento
25 que he debido causarte para lograr tu curación. Tan obcecado°
estabas que, sin hacértelo ver por tus propios ojos y padecerlo en
carne viva°, no había otra manera de persuadirte ni razón que
quisieras escuchar como válida. Ahora, pobre Patricio, amigo
mío, ya lo has visto... Solo por tu bien, solo movido por el cariño
30 tan profundo que siento hacia ti, pude resolverme a hacer lo que
hice: una mala operación, todo lo dolorosa que se quiera (¡qué
podrías ponderarme!), pero indispensable para tu salud.
"Y a fin de que no pudieras interpretar torcidamente° mis
intenciones ni te quepa la más ligera duda acerca de cuáles han
35 sido ellas es por lo que, una vez cumplida la demostración que

---

5 **Demudado** Cambiado de
  expresión
6 **pliegos** hojas

25 **obcecado** ciego
27 **en carne viva** *with the flesh exposed*
33 **torcidamente** *in a twisted manner*

me proponía con el rapto de esa boba infeliz, me abstuve de quitarle aquella joya que si una vez se pierde no deja esperanzas de recobrarse jamás. Según ella, se habrá hartado° de pregonar muy ufana°, y es cierto, tan entera como salió de su casa la he dejado yo: lo que a mí me interesaba no era precisamente eso... 5 En cuanto a las otras joyas y demás valores que sí me traje en cambio para acá, y que conservo en mi poder, si tienes un poco de paciencia volveré sobre este punto más adelante. Ahora quisiera insistir todavía en lo dicho, porque me importa que no te quede la menor sombra de sospecha en cuanto a los motivos de 10 mi conducta se refiere: esa traición mía, o lo que tal podrá haber parecido a primera vista, no es ninguna traición, ni golpe bajo ni nada por el orden, desde el momento en que jamás busqué ni he sacado gusto alguno, sino al contrario, el sinsabor° muy grande y la angustia de saber que estarás mortalmente dolido 15 conmigo; todo a trueque de° que abandones tu perniciosa quimera° y salgas del engaño en que vivías encerrado como en un hechizo°.

"Por lo demás, he de confesarte que la *operación* en sí misma me costó poquísimo trabajo, o ninguno. Fue la cosa más sencilla 20 del mundo. Y si ahora pongo este detalle en conocimiento tuyo no será —¡imagínate!— por el placer sádico de clavar aún más mi puñal —o el bisturí°— en tu herida, sino para evitar que ésta se cubra con nuevas costras° de engaño o que le apliques la pomada° de paliativas° ilusiones. Más vale que sane de una vez, 25 si no con el cauterio°, por lo menos a la intemperie° de la verdad desnuda. Y la verdad desnuda es, más vale que te lo diga y lo sepas, que apenas si me hizo falta mover un dedo para que la señora de tus pensamientos se viniera corriendo tras de mí como una perra. Por supuesto, desde las primeras palabras que crucé 30 con ella cuando tú me la presentaste me di cuenta de que así había de ser. Por eso resultaba tan insufrible (¿recuerdas mis

---

³ **hartado** cansado
⁴ **ufana** jactanciosa
¹⁴ **sinsabor** disgusto
¹⁶ **a trueque de** a cambio de
¹⁷ **quimera** ilusión
¹⁸ **hechizo** encantamiento
²³ **bisturí** cuchilla pequeña usada por los médicos

²⁴ **costras** *scabs*
²⁵ **pomada** bálsamo
²⁵ **paliativas** calmantes
²⁶ **cauterio** *cautery, burning with hot iron*
²⁶ **a la intemperie** al aire

frases de impaciencia?, ¿las ironías que a veces se me escapaban
sin poder remediarlo, y las discusiones que más de una vez tuvi-
mos por causa de ello?); no aguantaba, repito, que tú (y diciendo
tú ya lo he dicho todo), que mi pobre amigo Patricio viviera en-
5 charcado° en semejante poza° de vulgaridad, y que un hombre
de tus cualidades fuera a perderse lastimosamente en las rutinas
de la vida pueblerina.

"Y lo que más me sacaba de tino era el darme cuenta de que
nada te ataba con tanta fuerza a la modorra° de esa existencia
10 anodina° como tu absurdo enamoramiento de una chiquilla insignificante y necia. Cuando trataba yo de forzarte con amistoso
empeño a que te sacudieras el polvo y te limpiaras las telarañas°
de los ojos, y probando al menos otra cosa distinta, salieras de
tu rincón y vieras algo de mundo y ensayaras° otra manera de
15 vivir que para ti, con tus prendas personales y tus recursos ma-
teriales, estaba llena de brillantes promesas, jamás sacabas a
relucir en contra como posible obstáculo las obligaciones de
familia, o consideraciones de intereses y negocio, sino siempre la
eterna Julita, Julita siempre, y nada más que esa pava° de tu
20 Julita, que hubiera terminado por echarte un dogal° al cuello y
convertirte en el perfecto señorito de pueblo. Entonces, y pensando tan solo en tu bien, pues no podía resignarme a la idea de
semejante ruina, resolví derribar de una patada° el ídolo y
hacértelo ver hecho trizas° en el suelo.

25 "Fue, como te decía, lo más fácil del mundo. Me bastó con
mostrarle el señuelo°, agitar los cascabeles°, hacer unas cuantas
morisquetas y carantoñas°, y ya te tienes a la sin par Dulcinea
lanzada a los caminos del mundo sobre la grupa° de la motocicleta de este caballero aventurero, con las alforjas°, además,
30 llenas de alhajas y de buen dinerito. Operación sencilla en grado
sumo. ¡Lo siento mucho! Y ahora ya, querido Patricio, por tierra

---

5 **encharcado** *wallowing*
5 **poza** *puddle*
9 **modorra** letargo
10 **anodina** insignificante
12 **telarañas** *cobwebs*
14 **ensayaras** probaras
19 **pava** *turkey hen*
20 **dogal** *noose*
23 **derribar... patada** *to knock down with a kick*

24 **trizas** pedazos
26 **señuelo** *bait*
26 **agitar los cascabeles** *jingle the bells*
27 **hacer... carantoñas** *do a few tricks and make a few faces*
28 **grupa** *rump*
29 **alforjas** *saddlebags*

yace° el ídolo hecho pedazos: puedes tocarlo con tus manos y convencerte de qué material tan frágil y tan grosero° estaba amasada° la preciosa figurita. No otra cosa me proponía yo. Dado que mi intención ha sido la que te explico, perdóname el daño que he debido ocasionarte para cumplirla. Seguro estoy de que en el fondo de tu corazón no solo me has perdonado a estas fechas, sino que me has de estar agradecido por haberte librado de caer en la sima° hacia donde corrías a precipitarte° con los ojos vendados°. ¡De buena has escapado, pobre Patricio, gracias a mí, a este tu amigo Vicente contra cuyo nombre habrás lanzado tantas maldiciones°, tantos improperios°, en medio del dolor de tu desengaño!

"Ahora, por último, dos palabras sobre el contenido de las alforjas que me traje conmigo, dejando a aquella imbécil sin dinero. Lo hice así, primero, para que no pudiese regresar inventando cualquier cuento, que todos se apresuraran a aceptar, muy satisfechos, y, ¡aquí no ha pasado nada!, y segundo, para lo que voy a proponerte en seguida.

"Patricio: si —según espero y deseo con toda mi alma— te has repuesto ya del disgusto sufrido, y este escarmiento° te ha servido de algo, y tomas lo que aquí te escribo como prueba de la sinceridad de mis sentimientos, ven —te lo suplico— a encontrarte conmigo. Tendremos una explicación leal y completa. Después de la cual, caso que prefieras volverte como el hurón° a tu agujero° pueblerino, podrás llevarte de vuelta el paquete con las joyas y dinero de tu bienamada, restituyéndoselo a su padre tan intacto como pudo recuperar antes el virtuoso tesoro de Julita misma. Este botín°, el rescate° de tales valores cuyo disfrute tampoco apetezco°, justificaría de manera archisuficiente tu viaje y sería compensación discreta por el tiempo que hubieras perdido viniendo a verme.

"Decídete, pues, querido Patricio, sin darle demasiadas vueltas

---

¹ **yace** *lies*
² **grosero** vulgar
³ **amasada** *molded*
⁸ **sima** abismo
⁸ **precipitarte** *throw yourself headlong*
⁹ **vendados** *blindfolded*
¹¹ **maldiciones** *curses*
¹¹ **improperios** insultos
²⁰ **escarmiento** castigo
²⁴ **hurón** *ferret*
²⁴ **agujero** *hole*
²⁸ **botín** *booty*
²⁸ **rescate** *ransom*
²⁹ **apetezco** deseo

en el magín°. Lleno de impaciencia, espero tus noticias. Ojalá no me defraudes una vez más, que sería la última, te lo aseguro.

Tuyo siempre,
Vicente."

5   Tras haber leído y releído muchas veces esta carta, Patricio se quedó absorto durante quién sabe el rato en hondas reflexiones, al cabo de las cuales la volvió a meter cuidadosamente en el sobre y, echándosela al bolsillo, salió en busca de Fructuoso.

   —Fructuoso —le dijo al entrar en la oficina de su negocio—, 10 prepárate: vas a caerte de espaldas°.

   Y cerrando la puerta de la oficina, le tendió la carta y se sentó al otro lado de la mesa para esperar a que la leyera.

   —¿Qué es esto? —preguntó Fructuoso a su amigo.

   —Mira la firma —respondió Patricio —Vas a caerte de culo°.

15 Y el otro:

   —¡No! ¡No es posible! ¡Hijo de...!

   —Léela.

   La leyó, interrumpiéndose de cuando en cuando con exclamaciones del mismo calibre y miradas de sorpresa e indignación al 20 impasible Patricio, hasta el final. Cuando hubo terminado su lectura, Fructuoso pegó un manotazo sobre° la mesa.

   —Esto es algo inaudito, Patricio. La verdad es que jamás lo hubiera creído. Si vienes y me lo cuentas, no lo creo. —Y tras una pausa. —¿Sabes, yo que tú, lo que hacía, Patricio? Pues por 25 toda respuesta, ya que ahí tienes la dirección de ese canalla, me tomaba el tren y me presentaba de improviso a darle su merecido, para que el muy miserable no se quede sin recibir lo que anda buscando. Eso es lo que haría yo en lugar tuyo.

   Patricio no contestaba nada. Se había puesto muy pensativo. 30 Al cabo de un rato, Fructuoso, que había seguido mascullando° insultos, le preguntó por fin:

   —Bueno, ¿y qué es lo que piensas hacer?, dime.

   —Pues..., no lo sé. Quizás eso —le respondió Patricio con voz apagada°.

35   —¿Qué?

   —Eso. Quizás lo haga, eso que tú dices.

---

[1] **magín** imaginación
[10] **caerte de espaldas** *fall over backwards*
[14] **de culo** *on your behind*

[21] **pegó... sobre** *banged*
[30] **mascullando** *muttering*
[34] **apagada** débil

Cuestionario

1. ¿Qué historia sobre Vicente cuenta don Lucio Martínez al pueblo?
2. ¿Cómo reacciona el pueblo ante este cuento?
3. ¿Cuáles son las reacciones de Fructuoso y Patricio?
4. ¿De qué hablan Patricio y Fructuoso mientras cazan?
5. ¿Qué opinión tiene Fructuoso de Vicente y Julita?
6. Un día, ¿qué le entregó el cartero a Patricio?
7. Según la carta, ¿por qué causó Vicente ese desengaño a Patricio?
8. ¿Por qué no pasó Vicente la noche junto con Julita?
9. Según Vicente, ¿le costó trabajo convencer a Julita para que se fuera con él?
10. ¿Qué quiere Vicente que Patricio haga en vez de casarse y quedarse en su pueblo?
11. ¿Qué quiere Vicente que Patricio haga en cuanto al paquete de joyas y dinero de los Martínez?
12. ¿Qué hace Patricio después de leer y releer la carta?
13. ¿Cómo reacciona Fructuoso ante la carta?
14. ¿Qué hará Patricio?

Temas

1. ¿Cómo cambia la actitud del pueblo hacia Vicente después del escándalo? ¿Cómo se explica este cambio?
2. ¿Por qué llama Vicente a Julita "Dulcinea"? ¿Muestra su opinión de Julita o de Patricio? Explique.
3. Considerando lo que se sabe del carácter de Vicente, ¿se puede aceptar la explicación que da en la carta? Explique.
4. ¿Por qué terminó el autor esta novela con la indecisión de Patricio? ¿De qué otra manera podría terminarse?

Ejercicios Orales

I. RESPETO y RESPECTO

respeto: *respect, consideration*
   respetar: *to respect*
respecto: *respect, relation* (after a preposition)
   (con) respecto a o de: *regarding, with regard to*
   en este respecto: *in this respect*

A. Ejercicios de sustitución

Los jóvenes deben respetar a sus padres.

1. _____ las mujeres.

2. _____ los viejos.

3. _____ sus profesores.

No criticaron a Julita por respeto a su posición.

4. _____ familia.

5. _____ padre.

6. _____ sufrimiento.

7. _____ juventud.

B. Emplee **en cuanto a** en las siguientes oraciones.

EJEMPLO: Respecto a las otras joyas, Vicente las guarda.
En cuanto a las otras joyas, Vicente las guarda.

1. Esto es lo que pasó respecto a Fructuoso.
2. Con respecto a la niña, era una muchacha bien educada.
3. Respecto a mí, pude escapar de la trampa.
4. Respecto de los negocios, todo marcha bien.

II. MISMO e IGUAL

A. Usando **mismo,** conteste las siguientes preguntas de acuerdo con el ejemplo.

EJEMPLO: ¿Lo dijo Julita?
Sí, Julita misma lo dijo.

1. ¿Lo hizo ella?
2. ¿Quedaron ellos fascinados?
3. ¿Lo relató Vicente?
4. ¿Estaba usted allí?
5. ¿Le recuerdan ustedes?

B. Usando **mismo,** conteste las siguientes preguntas de acuerdo con el ejemplo.

EJEMPLO: ¿Piensa Julita en sí?
Sí, piensa en sí misma.

1. ¿Pinsa Vicente en sí?
2. ¿Piensan las mujeres en sí?
3. ¿Piensan los niños en sí?
4. ¿Piensa la niña en sí?

C. Usando **mismo,** conteste las siguientes preguntas de acuerdo con el ejemplo.

EJEMPLO: ¿Vendrá usted mañana?
Sí vendré mañana mismo.

1. ¿Vienen ellos hoy?
2. ¿Sucedió el caso aquí?
3. ¿Lo harán ellos ahora?
4. ¿Lo hicieron ustedes ayer?
5. ¿Nació él allí?

D. Ejercicio de sustitución

Aquella motocicleta es la misma que vi ayer.

1. _____ hombre _____.

2. _____ alemanas _____.

3. _____ película _____.

4. _____ obreros _____.

E. **lo mismo que → igual que**

EJEMPLO: Es andaluz lo mismo que tú.
Es andaluz igual que tú.

1. Trabajan mucho lo mismo que nosotros.
2. Todo el mundo haría lo mismo que usted.
3. Todas las muchachas son vanidosas lo mismo que Julita.

4. Piensa lo mismo que yo.

5. Estudio sociología lo mismo que él.

F. En cada grupo de oraciones, repita la primera oración y traduzca las otras dos de acuerdo con el ejemplo.

EJEMPLO: Vivimos en la misma casa.
Vivimos en la misma casa.
We live in the same house.
Vivimos en la misma casa.
All the houses are the same.
Todas las casas son iguales.

1. Quieren a la misma mujer.
They love the same woman.
All women are the same.

2. Esperan el mismo tren.
They are waiting for the same train.
All the trains are the same.

3. Paramos en el mismo hotel.
We stop at the same hotel.
All hotels are the same.

G. Traduzca:

1. Patricio said it himself.
2. She always talks about herself.
3. He's coming right now.
4. We have the same professor.
5. All professors are the same.
6. That professor is the same one I had last year.
7. He is a professor the same as my father.

III. SEGÚN

según + nombre o pronombre: *according to*
según + verbo: *according to what*

Emplee **según** en las siguientes oraciones de acuerdo con los ejemplos.

EJEMPLO: Patricio dice que Julita es bonita.
Según Patricio, Julita es bonita.

1. Vicente dice que las mujeres son malas.
2. El señor Martínez dijo que Vicente se asustó.
3. Este libro dice que muchos obreros españoles trabajan en Alemania.
4. Ella dice que él se fue en seguida.
5. Digo que esta novela es fácil.

EJEMPLO: De acuerdo con lo que puede comprobarse, don Lucio era un padre excelente

Según puede comprobarse, don Lucio era un padre excelente.

6. De acuerdo con lo que dicen, ella se puso como loca.
7. Se ha respuesto ya de acuerdo con lo que espero.
8. De acuerdo con lo que escribe, guardó el dinero.
9. De acuerdo con lo que cuenta don Lucio, Julita está en Madrid.

IV. ACERCARSE, CERCA DE y ACERCA DE

acercarse: *to approach, draw near*
cerca de: *near*
acerca de: *about, concerning*

Ejercicios de sustitución

Se acerca la primavera.

1. _____ la hora de irse.

2. _____ los dos muchachos.

3. _____ las vacaciones.

4. _____ el tren.

Vivimos cerca de la comisaría.

1. _____ hotel.

2. _____ frontera.

3. _____ Sevilla.

4. _____ estación de ferrocarril.

No tengo duda acerca de sus intenciones.

1. _____ carácter.

2. _____ nivel social.

3. _____ ideas.

4. _____ educación.

V. DÍA

al día siguiente, al otro día: *(on) the following day*
el día menos pensado: *when least expected*

A. futuro → potencial

EJEMPLO: Mañana llegaremos a España.
Al día siguiente llegaríamos a España.

1. Mañana saldrán para Madrid.
2. Mañana todo el mundo sabrá la verdad.
3. Mañana le hablaré.
4. Mañana me lo explicará
5. Mañana huirán.

B. **al día siguiente** → **al otro día**

EJEMPLO: Lo hicimos al día siguiente.
Lo hicimos al otro día.

1. Salieron de París al día siguiente.
2. Su padre llegó al hotel al día siguiente.
3. El hombre la dejó al día siguiente.
4. Escaparon al día siguiente.
5 El congreso terminó al día siguiente.

C. Emplee **el día menos pensado** en las siguientes oraciones de acuerdo con el ejemplo.

EJEMPLO: Cuando menos se piense, Vicente volverá a Alemania.

El día menos pensado, Vicente volverá a Alemania.

1. Cuando menos se espere, la muchacha se escapará con algún desconocido.
2. Cuando menos se espere, el hombre abandonará a su mujer.
3. Cuando menos se piense, estallará otro escándalo.
4. Cuando menos se piense, se morirá el viejo.
5 Cuando menos se espere, volverá el joven.

Ejercicio Escrito

SENTIDO y SENTIMIENTO

sentido: *sense; meaning*
sentimiento: *feeling, sentiment*

Escriba **sentido** o **sentimiento,** según convenga.

1. Es un hombre prático, un hombre de buen _____.

2. La vista es uno de los cinco _____s.

3. Quiero probarle la sinceridad de mis _____s.

4. ¿En qué _____ quiere usted decir eso?

5. El pueblo mostró _____s piadosos.

6. Esta palabra puede tener varios _____s.

VOCABULARY

Omitted from the vocabulary are personal pronouns, conjugated verb forms, regular past participles if the infinitive is given and the meaning is clear, regularly formed adverbs, numerals, days of the week, months of the year, regularly formed diminutives if the meaning is clear, identical cognates, and proper nouns that have been explained in the footnotes. Gender is not indicated for masculine nouns ending in -o and feminine nouns ending in -a, -dad, -ez, -ión, -tad, -tud, and -umbre. If a verb has a radical change, this is indicated in parentheses.

Abbreviations used in the book are as follows:

adj	adjective	*lit*	literally
adv	adverb	*m*	masculine
coll	colloquial	*mf*	common gender
f	feminine	*n*	noun
Ger	German	*pl*	plural
ger	gerund	*pp*	past participle
imp	imperfect	*pron*	pronoun
inf	infinitive	*s*	singular
interj	interjection	*subj*	subjunctive
Ital	Italian	*v*	verb

abajo below; downstairs
abandonar to abandon
abatido downcast
abismo abyss
abogar to intercede
abonar to pay

abordar to approach; to board
aborrecer to abhor, hate
abrazar to embrace
abrir(se) to open (up); **a medio abrir** half-open
absoluto: en — absolutely

absorber to absorb
absorto absorbed
abstenerse de + *inf* to refrain from + *ger*
absurdo absurd
aburrido boring
abusar to take advantage of
acá here
acabar to end; to run out; — **de** + *inf* to have just
¡acabáramos! exclamation used when one finally resolves a problem or gets out of a difficult situation
acaso perhaps; **por si** — in case
acatar to hold in awe, revere
accidente *m* accident
acción action
accionista *mf* stockholder
acento accent
aceptar to accept
acerca de about
acercarse to approach
acertar (ie) a + *inf* to happen to + *inf*
acicalado dressed up, spruced up
aclarar to clarify
acoger to welcome, receive
acomodado well-to-do
acomodar to arrange
acordarse (ue) (de) to remember
acostumbrar to be accustomed to
actitud attitude
acudir to resort; to go (to the rescue)
acuerdo: de — **con** in agreement with
adelantado advanced
adelante ahead; forward; **por el pasillo** — down the corridor; **tomamos carretera** — we went on down the highway

además besides, moreover; — **de** besides
adiós goodbye
adivinar to guess
adjetivo adjective
admiración admiration, wonder
adoptar to adopt
adorar to adore
adornar to adorn
adorno adornment
advenedizo intruder, upstart
advertir (ie, i) to warn; to advise; to tell
afán *m* hard work; anxiety
afanarse por + *inf* to struggle to + *inf*
afectar to affect
afecto affection
afectuoso affectionate
afirmar to affirm; to state
afligir to grieve
afrontar to face
agallas *fpl (coll)* guts
agente *m* agent
agilidad agility, lightness
agitar to agitate; to move; **agitarse** to be agitated; to move excitedly
agotar to exhaust
agradable agreeable
agradecer to thank
agradecido grateful
agregar to add; **agregarse** to join
agrícola *adj* farm
agua water
aguantar to hold up; to bear, endure
aguardar to wait for
agujero hole
ahí there
ahínco ardor

ahogarse: ahogarse en un vaso de
  agua to worry about little
  things
ahora now
ahorrar to save
aire m air; al — libre in the
  open air; tomar el — de to
  take on the appearance of
ajeno another's
ala wing
alabar to praise
alarde m ostentation
alargar to hand
alcalde m mayor
alcanzar to reach
alcoba bedroom
alegar to allege
alegrarse to be glad; alegrársele
  las pajarillas to give oneself
  illusions
alegre glad, merry
alejado removed, distant
alemán (-a) adj German; m
  German language; f German
  woman
Alemania Germany
alentar to encourage
alfiler m pin
alfilerazo innuendo; pinprick
alforjas fpl saddlebags
algo pron something; adj some-
  what
alguien someone
algún some
alguno pron someone; adj
  some, any
alhaja jewel
aliviar to alleviate
alivio relief
alojamiento lodging
alma soul
almohada pillow

alrededores mpl environs
altanería haughtiness, arrogance
alternar con to go around with;
  to be friendly with
alto tall; high; loud; en voz
  alta aloud
alucinación hallucination
alusión allusion
alusivo allusive
alzarse to get up
allá there; más — de beyond
allí there; — mismo right there
amable amiable, kind
amanecer m dawn; v to dawn,
  begin to get light
amante mf lover
amar to love
amargar to embitter
amargo bitter
amargura bitterness
amarillear to yellow
amarrar to fasten
amasar to knead; to mold
ambiente m atmosphere
ambos both
amigo (-a) friend; hacerse — de
  become friends with
amistad friendship
amistoso friendly
amontonar to accumulate
amoroso amorous
amortiguar to hush up
anchas: a sus — in comfort; as
  one pleases
andaluz (-a) adj & n Andalusian
andar to go; to walk; to be;
  anda interj OK; go on
andén m platform
anegar to sink
angustia anguish
angustioso distressed
anhelo yearning

animado animated
animar to encourage
ánimo soul, spirit; en — de in the spirit for
anochecer to grow dark
anodino insignificant
anonadamiento perplexity
ansiedad anxiety
ansioso anxious
ante before; —todo first of all
anteojos *mpl* glasses
anterior prior
antes *adv* before; — de *prep* before
anticipado advance
antojar: antojársele a uno to take a notion to
anual annual, yearly
anunciar to announce
anuncio announcement; advertisement
añadir to add
año year; el — que viene next year; cumplir —s to have a birthday; (dieciocho) años recién cumplidos just turned (eighteen); tener... años to be ...years old
apacible peaceful; mild
apagado weak
apañado suitable
aparato apparatus
aparecer to appear
aparentar to pretend
apariencia appearance, aspect
apartarse de to move away from
apasionante arousing passion or enthusiasm
apearse to stop; to dismount
apedrear to throw stones at
apenas scarcely, hardly
apesadumbrar to grieve
apetecer to long for

apetito appetite
aplastar to flatten; to smash
aplicar to apply
apología apology, defense
apreciar to appreciate
apremiar to press; to force
aprender to learn
aprensión apprehension; fear
apresurarse to hurry
apretado tight, contracted; close; closely written
aprovechar to take advantage
apuntar to point at; to point out; to note
apurar to finish off
aquel (-lla, -llas, -llos) that; those
aquí here
archisuficiente more than sufficient
ardiente ardent
argüir to argue
armar *(coll)* to cause; to stir up; — barullo to stir up a ruckus
arrancar to start; to take off; to pull out
arreglar to arrange; arreglarse to settle; to manage
arriba up
arrimarse a to come close to
arrogancia arrogance
arrogante arrogant
arroz *m* rice
arte *f* art
asco disgust; dar — a to disgust; hacerle —s a algo to turn one's nose up at something
asegurar to assure
asentir (ie, i) to agree
asestar to aim
así thus; like that; — como as well as
asiento seat; tomar — to sit down

asistir to attend
asomarse a to peer in
asombrar to astonish
asombro astonishment
asombroso astonishing
aspecto aspect
áspero harsh
astuto astute
asumir to assume
asunto matter
asustar to frighten; **asustarse**
to become frightened
atar to tie
atención attention; **atenciones**
fpl attentions (acts of courtesy); **llamar la —** to attract
one's attention
atinado wise
atmósfera atmosphere
atractivo attractive
atraer to attract
atrapar *(coll)* to trap; to deceive
atrás back, backward; **hacerse —**
to step back; **desde tiempo —**
for some time
atravesar (ie) to cross
atreverse to dare
atronar (ue) to deafen
atropellar to run over
atroz atrocious
atuendo dress, clothing
aun even, still
aún still, yet
aunque although
aura gentle breeze
ausente absent
autobús *m* bus
automóvil *m* automobile
autor *m* author; **— de sus días**
father
autoridad authority
autoritario authoritive

avanzar to advance
avellana hazelnut
aventurar to hazard (an opinion)
aventurero adventurer
avergonzado ashamed
averiguar to find out
ávido thirsty
avión *m* airplane
aviso notice
ayer yesterday
ayudar to help
azotar to beat
azul blue

badana sheepskin
bajar to lower; **— la vista** to
lower one's eyes; **bajarse** to
get down
bajo *adv* low; short; lowered;
prep under, beneath
balbucir to stammer
balcón *m* balcony
bálsamo balsam, balm
bamboIla *(coll)* show
banco bench; bank
bandeja tray
baratija trifle; trinket
barato cheap
barbaridad outrage
barbería barber shop
barbero barber
barniz *m (pl* -nices) varnish
barrabasada devilishness
barullo: armar **—** *(coll)* to stir
up a ruckus
base *f* basis
bastante *adj* & *adv* enough;
rather; quite a bit
bastar to be enough
bastardilla italics
batacazo hard bump after a fall
beber(se) to drink; **— los vien-**
tos por alguien to court deli-

gently; to turn everything upside down for

beldad beauty

belleza beauty

bendición blessing

bendito blessed

benefactora benefactress

beso kiss

bestia beast

bien *adv* well; **más — que** rather than; *m* good; **no — que** *conj* as soon as

bienamado beloved

bigote *m* moustache

billete *m* ticket; bill (money); **— de ida** one-way ticket; **— de ida y vuelta** roundtrip ticket

bisturí *m* bistoury, surgical knife

bisutería imitation jewelry

blanco white

bobo stupid

boca mouth

bofe: echar el — *(coll)* to toil

boleto ticket

bolsa bag

bolsillo pocket

bomba bomb; **noticia —** sensational news

bonito pretty

bonitura prettiness

borde: al — de on the edge of

borracho drunk

bostezar to yawn

bota boot

botín booty, spoils

brazo arm

breve brief, short

brillante brilliant

brisa breeze

broma joke

bruce: de —s face downward

brumoso foggy

bueno good; **el — de (Patricio)** good old (Patricio)

bulto piece of baggage

bulla speed

burgomaestre *m* burgomaster, town official

burlar to ridicule

burlón (-a) mocking

busca: en — de in search of

buscar to look for

buzón *m* mailbox

caballero gentleman; knight

caber to be possible; to be admitted; to fit

cabeza head; hair

cabizbajo crestfallen; with lowered head

cabo end; **al —** finally; **al — de** at the end of; **llevar a —** to complete; to fulfill

cabra goat

cacería hunt; hunting party

cada *adj* each; **— cual** *pron* each one; **— uno** *pron* each one

caer to fall; **— en gracia a** to please; **caerse** to fall down, fall over

café *m* coffee

caída fall

calar hasta los huesos to soak to the skin

caldera boiler

calibre *m* caliber

calma calm

calmante soothing, sedative

calmar to calm

calzar puntos to measure

callado quiet; **quedarse —** to keep quiet

callar to be quiet

calle *f* street; **por la —** in the street

cama bed; **— deshecha** unmade bed

cambiar to change; **— de tema** to change the subject

cambio: en — on the other hand; **a — de** in exchange for

caminar to walk

camino road, way; **— de** on the way to; **ponerse en —** to get on the road; **por el —** along the way

camisa nightgown; shirt

campo countryside, country

canalla *m* contemptible man

canallada scoundrelly action

candidatura candidacy

cansado tired

cansar to tire; **cansarse** to get tired

cantarle las verdades a alguien to tell someone off

capa cape, cloak

capaz capable

capricho whim

capturar to capture

cara face; **se le iluminó la —** his face lit up; **darse de — con alguien** to confront someone

carácter *m* character

caracterizar to characterize

caradura impudence, shamelessness

caramba *interj* Good heavens!

carantoña false face

carcajada burst of laughter

cárdeno purple

cargamento load

cargar to carry; to burden

cargo charge

cargoso annoying

cariño affection

cariñoso affectionate

carne *f* meat, flesh; **en — viva** raw, with the fleshed exposed

caro expensive

carrera: hacer la — to be a prostitute

carretera highway

carril *m* track

carro: para el — (coll) hold your horses

carta letter

cartera wallet

carterista *m* pickpocket

cartero mailman

casa house, home; **en —** at home

casar to marry; **casarse con** to marry

cascabel *m* small bell, sleigh bell

casco helmet

casi almost

caso case; event; **— que** in case; **en todo —** in any case; **llegado el —** if the need arose; **hacer — (de)** to pay attention (to); **no hacer — de (algo)** to ignore (something); **no hacerle — (a alguien)** to ignore (someone)

castigar to punish

castigo punishment

casualidad chance, coincidence; **da la —** it happens

catalán (-a) *adj & n* Catalan; Catalonian

causa cause

causar to cause

cauterio cautery, burning with hot iron

caviloso suspicious

caza hunt, hunting
cazador *m* hunter
cebado por la codicia motivated by greed
celos *mpl* jealousy
cena supper
centro center
cerca *adv* near; — de *prep* near
cerdada filthy, contemptible action
cerdo pig
cerrar (ie) to close
cervecería beer tavern
cerveza beer
ciego blind
cielo heaven
cierto certain, sure; right; por — certainly
cigarrillo cigarette
cinchar: reventado de — dead tired
cine *m* movie theater
cinismo cynicism
circular to circulate
circunspecto circumspect; proper
circunstancia circumstance
cita appointment; date; dar — to make a date
ciudad city
clarear to light up; to dawn
claro *adj* clear; *interj* of course
clavar to stick (a knife)
cliente *mf* customer
cobarde *mf* coward
cobrar to collect; to get
coche *m* car
cocina kitchen
codicia greed; cebado por la — motivated by greed
codo elbow
codorniz *f* quail
coincidir to coincide; to come together

colega *m* colleague
colmo: para — to top it off
colocar to put, place; to set (a trap)
color *m* color
comentar to comment
comentarios *mpl (coll)* gossip
comenzar (ie) to begin
comer to eat
cometer to commit; — un error to make a mistake
cómico comic, comical
comida food; meal
comienzo *n* beginning; al — at the beginning; dar — to have its beginning
comisaría commisariat; police station
como like, as; about; — si + *imp subj* as if . . .
¿cómo? how?; ¡Cómo no! Why not!
cómodo convenient; comfortable
compadecer to pity, feel sorry for
compadecido sympathetic
compañero companion
compañía company
comparación comparison
compartimiento compartment
compartir to share
compasión compassion
competencia competition
complacido complacent; satisfied
complaciente complaisant, pleasing
completar to complete
completo complete
complicar to complicate
comprar to buy
comprender to understand
comprensible understandable
comprobar (ue) to verify
comprometerse to get engaged

compromiso compromising situation
comunicar to communicate
comunicativo communicative
con with; — **que** so; that
concentrar to concentrate
concepto concept; opinion
concertar to arrange; to conclude an (agreement)
conciencia conscience
concierto concert
concluir to conclude
concurrir to come, come together
condescender (ie) to condescend
conducir to lead; to drive; **conducirse** to conduct oneself
conducta conduct
confesar (ie) to confess
confesión confession
confidencia: hacerle una — a alguien to confide in someone
confidente *m* confidant
confirmar to confirm
confusión confusion
confuso confused
congraciarse (con) to ingratiate oneself (with)
congreso convention
conjetura conjecture
conocer to know; to meet
conocido acquaintance
conocimiento knowledge; ability
consecuencia consequence
conseguir to get; — + *inf* to succeed in + *ger*
consentido spoiled
consentir (ie, i) to consent
consideración consideration; reflection
considerar to consider
consignar to consign; to leave
consiguiente consequent; **por —** consequently

consistir to consist; — **en** to consist of
consocio partner
consolador (-a) consoling
consternación consternation
constituir to constitute
consultar to consult
contacto contact; **ponerse en —** to come in contact
contar (ue) to tell, relate
contenido contents
contento content, happy; **estar —** to be happy
contestar to answer
continuar to continue
contornos *mpl* environs
contra against; **en — de (alguien)** against (someone); **no tener nada en —** to have nothing against
contrario contrary; **al —** on the contrary; **por el —** on the contrary
contribuir to contribute
conturbar to trouble; to confuse
convencer to convince; **convencerse** to convince oneself
conveniente suitable, proper
convenir (ie) to be suitable
convertir (ie, i) to convert; **convertirse** to be converted
convidar to invite
convulsivo convulsive
cónyuge *mf* spouse
coqueta coquettish, flirtatious
corazón *m* heart; **de mi —** beloved
corbata tie
coro chorus; **a —** in chorus
corpulento corpulent, fat
correa leather strap
correo: oficina de —s post office
correr to run; — **de boca en**

boca to go from mouth to mouth; **— mundo** to travel
correría excursion; escapade
correspondencia correspondence
corresponder a to belong to
corriente: estar al — to be up to date, informed
cortante cutting
cortar to cut; to cut in
cortejar to court
cortés courteous
corto short
cosa thing; **— semejante** such a thing; **como si tal —** *(coll)* as if nothing had happened; **— sabida** known fact
costar (ue) to cost; **— trabajo** to be difficult
costra scab
costumbre custom
cotarro gathering (*lit* a shelter for tramps)
cotidiano daily
creer to believe; **creo que no** I don't think so
criatura creature; child
cristal *m* glass
criterio judgment
criticar to criticize
cronológico chronological
cruzarse to cross one's path; **— con** to cross paths with; **— palabras** to exchange words
cuadro square; picture
cuajar *(coll)* to jell, take shape
cual: cada — each one; **el —** which; **tal o —** such and such a
cualidad quality
cualquier (-a) *adj* any; *pron* anyone; *mf* nobody, person of no account
cuán how
cuando when; **de vez en —**

from time to time; **— menos** at the least
cuanto as much; how much; whatever; **—s** as many; **— más...** the more...; **en —** as soon as; **en — a** as for; **— antes** as soon as possible; **unos —s** a few; **cuánto** how
cuarto room; **de tres al —** of little importance
cubrir to cover
cuchilla knife
cuello neck
cuenta bill; calculation; **echar —s** to calculate; **darse — (de)** to realize; **por su —** on his own; **caer en la —** to realize, get the point
cuento story
cuero leather
cuerpo body; **tener el demonio en el —** to be bad
cuestión question, matter
cuestionario questionnaire
cuidado care, attention; **tener —** to be careful
cuidadoso careful
culo behind, buttocks
culpa blame, fault
culpable guilty
cumplir to fulfill; to complete; **(dieciocho) años recién cumplidos** just turned (eighteen)
cuñada sister-in-law
curación cure
curar to cure
curiosidad curiosity
curioso curious
curtido tanned
cuyo whose

cháchara *(coll)* chatter

chaqueta jacket
chaquetón *m* heavy jacket
charla talk, chatter
charlar to talk, chat
chasco disappointment; trick
chato snub-nosed
chaval (-a) *m* & *f* lad; lass
chica girl
chico *adj* little, small; *n* boy;
child
chileno *adj* & *n* Chilean
chino *adj* & *n* Chinese
chiquillería *(coll)* crowd of
youngsters
chiquillo little child (diminutive
of chico)
chispa spark
chiste *m* joke, witticism
chistoso witty
chorizo smoked pork sausage
chuscada pleasantry

dama lady
daño harm; hacer — to harm
dar to give; — con to encoun-
ter; — por to consider; — que
hablar to cause talk; darle a
uno la gana to feel like;
darse cuenta (de) to realize;
darse un gusto to satisfy a
whim; darse una vuelta to
take a walk
dato datum, fact
debajo de under, underneath
deber ought, should; must; owe;
— de must
débil weak
decencia decency; propriety
decente decent; proper; respec-
table
decidir(se) to decide
decir to say, tell; — de to say

about; es — that is to say;
— algo por — to say something just to be talking; de-
cir(les) adiós con la mano to
wave goodby (to them)
decisivo decisive
declarar to declare
dedo finger
defecto defect
defenderse (ie) to take care of
oneself; to defend oneself
definitivo definitive; en definitiva definitively; in short
defraudar to disappoint
dejar to leave; to let, allow; to
give; — de + *inf* to stop +
ger; no — de + *inf* not to fail
to + *inf*
delante de in front of
demás rest (of the)
demasiado too
demoníaco devilish
demonio devil; qué —s what
the devil; tener el — en el
cuerpo to be bad
demostración demonstration
demostrar (ue) to show
demudar to change, alter; demu-
darse to change countenance
dentro de in, within, inside
denunciar to denounce
deparar to provide
dependiente *mf* employee, clerk
deprimir to depress
derecho right
derribar to knock down
derroche profusion; extravagance
desabrido unpleasant
desagradable unpleasant
desahogarse to unbosom oneself,
open up one's heart
desahuciar to deprive of hope,
disillusion

desalado anxious

desamparado helpless; abandoned

desamparo helplessness

desaparecer to disappear

desaparición disappearance

desaprobación disapproval

desaprobar (ue) to disapprove

desarrollar to develop

desarrollo development

desastroso disastrous

desayunar to eat breakfast

desayuno breakfast

desbrozar to clear up

descansar to rest

descargar to unload; to ease

descarriado strayed, lost

desconocido unknown

descosido wild person

describir to describe

descubrir to discover, uncover; to reveal

descuento discount

deschavetarse to lose one's head, to get rattled

desde since, from; — hace años vivo en América I have been living in America for years; — luego right away; of course; — que conj since

desdén m scorn

desdeñar to scorn

desdeñoso scornful, disdainful

desdichado unfortunate

desear to wish, want

desencadenar to let loose; to put into motion

desengañado disillusioned

desengañar to disillusion

desengaño disillusionment

desentendido: hacerse el — to pretend to be unaware

deseo desire

deseperación desperation

desesperar to deprive of hope

desgracia misfortune

desgraciado (-a) n wretch, unfortunate person

deshecho undone, unmade; cama deshecha unmade bed

deshonra disgrace

desierto deserted

desilusión disillusionment

desilusionado disillusioned

deslumbramiento dazzle

deslumbrante dazzling

desmoronarse to wear away; to crumble

desnudo naked

desolación desolation

despachaderas fpl (coll) resourcefulness

desparpajo (coll) impudence, effrontery

despavorido frightened

despectivo disparaging

despechado spiteful

despegar to detach

despepitarse tras (coll) to chase after

despertar (ie) to wake up

desplegar to spread, unfurl

desportillar to chip, to crack

despreciable contemptible

desprecio scorn

despreocupado carefree

después adv after, afterward; — de prep after; — de todo after all; — que conj after

desquite m revenge

destaparse to reveal oneself

desteñir to fade

destinar to destine

destinatario addressee

destrucción destruction

destruir to destroy

desvelo vigilance; solicitude
desventura misfortune
desvergüenza impudence, shamelessness
desvivirse por + *inf* to be anxious to + *inf*
detalle *m* detail
detener(se) to stop; to arrest
devolver (ue) to return
devorar to devour
día *m* day; **al otro —** the following day; **el — menos pensado** when you least expect it
diálogo dialogue, conversation
diario daily
dibujarse to be outlined
difícil difficult
dificultad difficulty
dificultoso difficult
difunto dead
dignidad dignity
diligencia diligence; errand
diminutivo diminutive
dinero money
Dios *m* God
dirección address
dirigir to direct; **dirigirse a** to address oneself to
discreción discretion
discreto discreet
disculpa excuse
discurrir to ramble
discusión *f* argument
discutir to discuss
disertación dissertation, speech
disfrutar to enjoy; to have the benefit of
disfrute *m* enjoyment; use
disgustar to displease
disgusto annoyance; sorrow: unpleasantness; dispute; **dar —s** to cause grief
disimulado furtive

disimulo dissimulation
disipar to dissipate
disparate foolish idea
disponer to dispose; **— de** to have at one's disposal
disponible available
dispuesto *pp* & *adj* disposed, ready
disputa dispute
disputar to fight over
distancia distance; **a la —** from a distance
distinto different
distraer to distract; to amuse
disuelto *pp* & *adj* dissolved
divertido amusing
divertir (ie, i) to amuse; **divertirse** to have a good time
divino divine
doblar la esquina to turn the corner
doble *adj* & *mn* double
dogal *m* noose, hangman's rope
doler (ue) to hurt, ache
dolido grieved
doliente sorrowful, sad
dolor *m* pain, grief
dolorido grieving
doloroso painful
dominar to control; to handle perfectly
don title used before masculine first names; *m* gift, talent; **— de gentes** charm
donde where
doña title used before feminine first names
dormido asleep
dormir (ue, u) to sleep
dosis *f* dose
drama *m* drama; play
ducha shower
duda doubt

dudoso doubtful, dubious
duelo grief, mourning
dueño (-a) *n* owner
dulzor *m* sweetness
duradero lasting
durante during
durar to last
durmiente (-a) *adj* sleeping; *n*
    sleeping person
duro hard, stiff

e and (before /i/)
eco echo
echar to throw, cast; to swallow,
    drink, take; **— el bofe** to toil;
    to kill yourself working; **—**
    cuentas to calculate; **— una**
    ojeada to glance; **— de menos**
    to miss; **echarse** to throw one-
    self; to lie down; **echarse a**
    la mala vida to become a
    prostitute; **— se a +** *inf* to be-
    gin to; to burst out **+** *ger;*
    echárselas de to boast about
    (being)
edad age; **— corta** youth; **Edad**
    Media Middle Ages
educación up-bringing; educa-
    tion
educar to educate; to raise
efecto effect; **en —** in fact
efusión effusion; warmth
efusivo effusive
ejemplo example; **por —** for
    example
ejercicio exercise
elección choice
elegir to select
eliminar to eliminate
elogiar to praise
ello it
embarazado embarrassed
embargo: sin — however

embotamiento dullness
emoción emotion
empalagar to cloy; **empalagarse**
    to be wearied by too much
    sweetness
empantanar to submerge
empeñado persistent, determined
empeño persistence, insistence
emperador *m* emperor
empezar (ie) to begin
empleado employee
emplear to use, employ
empleo job
empujar to push
enamoramiento love
enamorarse (de) to fall in love
    (with)
encajar *(coll)* to put on
encandilamiento glare, dazzle
encantado charmed, pleased
encantador (-a) *adj* charming
encantamiento enchantment
encargado person in charge
encargar to entrust; to put in
    charge
encarnación incarnation
encender (ie) to light
encerrarse to lock oneself in
encima above; **por —** above;
    echarse — to take on oneself;
    con sus años — considering
    her age
enconado bitter
encontrar (ue) to meet; to find;
    encontrarse to be; to find
encuentro meeting
encumbrado lofty; mighty
encharcado wallowing
energía energy
énfasis *mf* emphasis; **dar — a**
    to emphasize
enfermedad sickness
enfermo sick

engañar to deceive
engaño deception
engañoso deceitful
engreído vain, conceited
enjambre *m* swarm
enojar to anger
enorme enormous
enrojecidos reddened
ensaimada coffee cake
ensayar to try; to try on; to try out
enseñar to show; to teach
entablar to start; — **una conversación** to start a conversation
entallar to tailor
entender (ie) to understand; **entenderse con** to get along with; **entenderse en** to deal with
entero entire, complete, whole
entonar to tone up
entonces then
entornado half-closed
entrada entrance
entrar to enter; **entrarle una idea a alguien** to have an idea occur to someone
entre between, among
entreabrir to half-open
entrecortar to cut off from time to time
entregar to hand over
entretanto meanwhile
entretenerse to amuse oneself
entretenido entertaining
entretenimiento amusement, entertainment
entrevista interview
enviar to send
envidia envy
envidiar to envy
envidioso envious
envolver (ue) to wrap up; **envolverse** to become involved

epílogo epilog
episodio episode
época epoch, time
equipaje *m* baggage
equivalencia equivalence
equivaler to be equal to
escabullirse to slip away, to escape
escalera stairs
escándalo scandal
escapar to escape; **escapársele a uno** to let slip
escapatoria escape, running away
escarmentar (ie) to learn by experience
escarmiento punishment
escaso slight
escena incident; scene
escoger to choose
esconder to hide
escopeta shotgun
escribir to write
escrito *pp* & *adj* written
escuchar to listen to
escudriñar to scrutinize
escuela school
escupir to spit
ese (-a, -as, -os) that; those
esforzarse (ue) por + *inf* to make an effort + *inf*
esfuerzo effort
esmalte *m* enamel
esmerado careful
espaciar to space
espalda back; **a —s de** behind; **de —s** backward
espantoso frightful
España Spain
español *adj* & *n* Spanish
especial special
especializado specialized
especie *f* kind

espectacular spectacular
espectáculo spectacle
espera wait; **matar la —** to kill
time; **estar a la — de** to be
waiting for
esperanza hope
esperar to wait; to hope; to expect
espeso thick; dirty, untidy
espiar to spy on
espíritu *m* spirit; mind
espléndido splendid, magnificent
espontáneo spontaneous
esposa wife
espuma foam
esquina corner; **doblar la —** to
turn the corner
establecer to establish; **estable-
cerse** to establish oneself
establecimiento establishment
estación station; season; **— florida** spring
estado state
Estados Unidos United States
estallar to explode
estar to be; **— a la vista** to be
evident; **— al corriente** to be
up to date, informed; **— al
tanto** to be informed; **— de
vacaciones** to be on vacation;
— contento to be happy; **—
seguro** to be sure; **— para**
to be ready for, ready to; **está
bien** all right; **a los cuatro
meses de — aquí** after being
here four months
este (-a, -as, -os) this; these;
the latter
estilo style; **por el —** like that
estimulante stimulating
estirar to stretch
estrecho narrow
estrellarse contra to crash into

estremecerse to shiver
estructura structure
estruendo noise
estrujar to squeeze
estupendo stupendous
estúpido stupid
eterno eternal
eventualidad eventuality
evitar to avoid
exageración exaggeration
exagerar to exaggerate
examen *m* examination
excelente excellent
excepcional exceptional
excitación excitation, excitement
exclamación exclamation
exclamar to exclaim
existencia life, existence
existir to exist
expansión recreation
expansivo expansive
expectativa expectation
experiencia experience
experimentar to experience
explicación explanation
explicar to explain
explicativo explanatory
explorar to explore
explosión explosion; **hacer —**
to explode
expresión expression
extemporáneo extemporaneous
extenderse to go on and on
extraer to extract
extranjero *adj* foreign; *n* for-
eigner; **en el —** abroad
extrañarse to wonder
extrañeza wonder
extraño (-a) *adj* strange; *n*
stranger
extraordinario extraordinary;
horas —as overtime
extraviarse to get lost

fábrica factory
fabricación manufacture
fabricar to manufacture
fábula fable
fácil easy
facilidad facility, ease
factótum *m* factotum, employee
hired to do all kinds of work
fajo bundle
falso false
falta absence; **sin —** without
fail; **hacer —** to be necessary;
to miss
faltar to lack: **— diez minutos
para...** to be ten minutes to . . .
familia family
famoso famous
fanfarrón (-a) *n (coll)* braggart;
adj bragging
fantasía fancy; fantasy
farolear *(coll)* to brag
fascinación fascination
fascinar to fascinate
fastidiar to annoy
fastidio annoyance
fastuoso magnificent
favor: a — de in favor of
favorecer to favor
fecha date; **a esta —** at this
time
fechoría villainy
feliz happy; lucky
feo ugly
feria fair
ferretería hardware store
ferrocarril *m* railroad
fiarse (de) to trust (in)
fiesta party
Fígaro barber
figura figure; face
figurarse to imagine
fijarse (en) to notice; to pay attention to

fin end; goal; **por —** finally;
al — finally; **dar — a** to
stop; to put an end to; **a —es
de** toward the end of
final *m* end; **al —** finally; **al —
de cuentas** in the last analysis
fingir to pretend
fino fine
firma signature
florecer to flower, blossom
florido flowery; **estación —a**
spring
fonda restaurant
fondo back, background; **en el
—** basically; **a —** thoroughly
fondos *mpl* funds
forastero stranger
forma form, way
formalizar to formalize
formarse to develop
formidable formidable; very
large or strong
foro back (of stage)
fortuna fortune
forzado forced, obligatory
foto *f* photo
fracaso failure
frágil fragile
Francia France
frase *f* sentence; phrase
frente a facing
fresco fresh; *n (coll)* a fresh
person
frío cold
frontera border
fruslería trinket; triviality
fruto fruit
fuente *f* fountain
fuera *adv* outside; away; **— de**
prep outside of
fuerte strong
fuerza strength, force; **— de
voluntad** will power

fuga flight
fugarse to run away
fugaz fleeting
fugitivo fugitive
fulano so-and-so
funcionar to function, work
fundamento grounds
furia fury
furioso furious
fútbol *m* soccer
futuro future, future tense

gafas *fpl* glasses
gaitas: templar — to humor someone
galán *m* fine-looking fellow
galardón *m* prize
gana desire; **de buena —** willingly; **darle a uno la —** to feel like; **tener —s de +** *inf* to want to + *inf*
ganar to earn; to win; **ganarse las voluntades** to win people over
ganga bargain
garaje *m* garage
garra claw; *pl* clutches
gas *m* gas
gastar to spend
gaveta drawer
gazapo young rabbit
gente *f* people
genuino genuine
gerundio gerund; present participle
gesto gesture
golpe *m* blow; knock; **de —** suddenly; **— de teatro** dramatic turn of events; **dar —s en la puerta** to knock at the door
golpear to beat
gracia: caer en — a to please
gracias *fpl* thanks; **— a** thanks to

gracieta: echar a — to make a little joke out of
grado degree; **en — sumo** in the highest degree
gran, grande big; great
granadino (-a) *adj* & *n* from Granada
granja farm
granuja *m* scoundrel
grisáceo grayish
grisura grayness
gritar to shout
grito shout
grosero crude
grueso thick; bulky
grupa rump (of a horse)
grupo group
guante *m* glove
guantería glove shop
guardar to keep; to guard; **guardarse** to keep
guerra war
gustar to be pleasing; to like; **— de** to enjoy
gustazo *(coll)* great pleasure
gusto taste; pleasure; **de — alemán** to the German taste; **a su —** as he wanted to; **dar —** to be a pleasure; **darse un —** to satisfy a whim; **con mucho —** with pleasure
gustoso pleasant

haber to have *(auxiliary v)*; **— de +** *inf* must, to be + *inf;* **hay** there is, there are; **hay que +** *inf* one must; **hay de todo** there are all kinds; **ni hay para qué** nor is there any reason to
hábil skillful
habitación room
habitar to live

hablar to speak; to talk; **dar
que —** to cause talk
hacer to do; to make; **— caso
(de)** to pay attention (to); **no
— caso de algo** to ignore
something; **no hacerle caso a
alguien** to ignore someone;
— tiempo to kill time; **hace +**
time ago; **Hace mucho tiempo
que no vivo allí.** I haven't
lived there for a long time.
— un viaje to take a trip;
hacerse amigo de to become
friends with; **hacerse el desentendido** to pretend to be unaware
hacia toward
halagüeño attractive; promising
hale *interj* get going!
hallar to find
hambre *f* hunger; **un muerto de
—** a penniless person
harpía harpy
hartar to tire; to bore; to satiate
harto de fed up with
hasta until, to; even; **— luego**
so long; **— la vista** so long
hazaña exploit
hechizo spell
hecho event; fact; deed; **de —**
in fact
heraldo herald
heredero (-a) *n* heir
herida wound
herir (ie, i) to wound, injure
hermano brother; *pl* brothers;
brothers and sisters
hermosota big, beautiful (woman)
héroe *m* hero
hija daughter
hijo son, child; **— único** only
child
hipo hiccup

historia history; history book;
story
histórico historical
historieta story
hoja leaf, sheet; **— de inscripción** registration
holgado leisurely
hombre *m* man
hombro shoulder
hondo deep
honor *m* honor
honra honor
honrado honorable, honest
hora time, hour; **pasar las —s
muertas** to spend hours on
end; **—s extraordinarias** overtime; **¿A qué —?** At what
time? **a buenas —s** *(coll)* now's
a fine time
horizonte *m* horizon
hospedaje *m* lodging
hoy today; **— día** nowadays
huella trace
hueso bone; **calar hasta los —s**
to soak to the skin
huésped *m* lodger
huevo egg
huir to flee
humanidad humanity
humano human
humedad humidity
humilde humble
humillación humiliation
humillar to humiliate
humo smoke; **hacerse —** to go
up in smoke, disappear
humor *m* mood, humor
hundir to sink; to bury
hurón *m* ferret

ida *n* going; **billete de —** one-
way ticket
idioma *m* language

ídolo idol
iglesia church
ignominia ignominy, disgrace
ignominioso ignominious, contemptible, disgraceful
ignorar not to know
igual equal, the same; — que the same as
igualmente *(coll)* the same to you
iluminar to illuminate; **se le iluminó la cara** his face lit up
ilusión illusion; **hacerse illusiones** to give oneself illusions
iluso visionary
imagen *f* image
imaginación imagination
imaginar(se) to imagine
imbécil *m* imbecile
impaciencia impatience
impacientarse to get impatient
impasible impassible, impassive
impedir (i) to prevent; — + *inf* to keep from + *ger*
imperfecto imperfect; — de subjuntivo imperfect subjunctive
imperio empire
imperturbable unshakable
implacable unbending
imponente attractive
importancia importance
imposible impossible
impresión: dar una — to make an impression; llevar una — to receive an impression
impreso printed
imprevisto unforeseen
improperio insult
improviso: de — unexpectedly
imprudencia imprudence
impudencia impudence
inactividad inactivity

inaudito unheard-of, extraordinary
incauto unwary
inclinarse to lean
incluir to include
inclusive including
incluso even, including
incólume safe; untouched
incomprensivo not understanding
inconcebible inconceivable
inconfundible unmistakable
inconveniente *m* inconvenience
incorporarse to sit up
increíble unbelievable
increpar to chide, rebuke
incurrir (en) to bring on oneself
indagar to ask
indiano person who returns to Spain having become wealthy in America
indicativo indicative; presente de — present indicative
indiferencia indifference
indiferente indifferent
indignación indignation
indignarse to get indignant
indispensable indispensable, absolutely necessary
individualizar to individualize
individuo *n* individual
indulgente indulgent
inesperado unexpected
infalible infallible
infame infamous
infeliz *mf* wretch, wretched person; *adj* unhappy, unfortunate
inflexión inflection
informar to inform
ingeniero engineer
ingenio talent; wit
ingenuidad ingenuousness

Inglaterra England
inglés (-a) *adj* English; *m* Englishman, English language; *f* Englishwoman
inmediato immediate
inmejorable unsurpassable
inmóvil immobile
innegable undeniable
inocente innocent
inoportuno inopportune
inquieto restless
inquietud uneasiness
inquirir (ie) to inquire
inscripción registration
insensato senseless
insidioso insidious, wily
insignificante insignificant
insinuarse to insinuate oneself; to slip in
inspeccionar to inspect
inspirar to inspire
instalarse to settle
instante instant
insufrible insufferable
insulto insult
intacto intact, undamaged
integridad virginity
inteligencia intelligence
inteligente intelligent
intemperie *f:* **a la —** in the open air
intención intention
intensidad intensity
intentar to attempt
interés *m* interest
interesar: interesarle a alguien to interest someone; **interesarse en** to be interested in
interlocutor *m* person with whom one converses
interpretación interpretation
interpretar to interpret

interrogante questioning
interrogativo questioning
interrogatorio questioning
interrumpir to interrupt
intervenir (ie) to intervene
intransigencia intransigence, obstinacy
introducción introduction
introducir to introduce, put in
intruso intruder
inútil useless; **es —** + *inf* there's no need + *inf*
inventar to invent
invitar to invite
involuntario involuntary
ir to go; **— a** + *inf* to be going + *inf;* **sin — más lejos** without going any farther; **¡qué va!** *interj* oh, heck!; nonsense!; **vaya** *interj* indeed, certainly; **irse** to go away
ira ire, anger
iracundo angry
ironía irony
irritarse to get irritated
irrumpir to burst in
Italia Italy
italiano (-a) *adj.* Italian; *m* Italian, Italian language; *f* Italian woman
izquierda left

jactancia *n* bragging
jactancioso boastful, bragging
jactarse to brag
jaleo *(coll)* mess
jarro pitcher; **echar un — de agua fría a** *(coll)* to pour cold water on
jaula cage
jornada journey

jornal *m* day's wages
joven *adj* young; *mf* young man or woman; *pl* young people
jovialidad joviality
joya jewel
jubiloso jubilant
juego game
jugar (ue) to play; — **a** to play (a game or sport)
juglar *m* minstrel
jugo juice; **sacar el** — **a** to get the most out of
juicio judgment
juicioso wise
juntar to join; — **las manos** to clasp one's hands; **juntarse con** to associate with
junto together; — **a** next to
jurar to swear
justificar to justify; **justificarse** to justify oneself
justo just
juvenil juvenile, youthful
juventud youth
juzgado court
juzgar to judge

kilómetro kilometer

labia *(coll)* persuasion; persuasiveness
labio lip; **de** —**s afuera** outwardly
lacónico laconic, not talkative
lado side; **al** — **mío** alongside me; **de** — sideways
ladrón (-a) *n* thief
lágrima tear
lamentar to lament
lanzarse to be launched
largo long
larvado hidden, dormant (as of diseases)

lástima shame
lastimar to injure
lastimero doleful
lastimoso pitiful
lavabo lavatory
lavar to wash
leal loyal
lector *m* reader
lectura reading
leche *f* milk
leer to read
legítimo legitimate
legumbre *f* vegetable
lejano distant
lejos far; **sin ir más** — without going any farther
lengua tongue; language; **tirarle de la** — **a alguien** to get someone to talk
lento slow
letargo lethargy
levantar to raise; **levantarse** to get up
ley *f* law; **de** — genuine, sterling
leyenda legend
liberar to free
librar to free, to spare; **librado a** delivered up to; **salir bien librado** to come out with advantages
libre free; vacant
libreta notebook
ligero light; flighty; slight
limitarse to limit oneself
limpiar to clean
lindo pretty; fine
lío row, trouble
listo ready, clever; **ir** — to be careful
literario literary
litro liter (1.0567 quarts)
local *m* site

loco crazy; **volver —** to drive crazy
locura madness
lógico logical
lograr to obtain; to attain; **— +** *inf* to succeed in + *inf*
lucir to shine
lucubración caviling, trivial objections
luego then; **desde —** right away, of course
lugar *m* place; **en — de** instead of; **en primer —** in the first place; **sin — a dudas** without room for doubt; **tener —** to take place; **dar — a** to give rise to
lustroso shiny

llaga sore; cause of pain or sorrow
llamar to call; **— la atención** to attract one's attention; **llamarse** to be called
llave *f* key; **bajo —** under lock and key
llegada arrival
llegar to arrive; **— a (ser)** to become
llenar to fill; to fill out; to cover
lleno de filled with
llevar to carry; to take; **— mucho tiempo haciendo algo** to be doing something for a long time; **—una vida** to lead a life; **— a cabo** to complete; to fulfill; **llevarse** to carry off
llorar to cry
llover (ue) to rain
luvia rain

macizo solid
madre *f* mother

madrileño *adj & n* from Madrid, Madrilenian
madrugada dawn
magín *m (coll)* imagination
magistrado magistrate
majadero *n* dolt; *adj* stupid
majo (-a) *n* sport *(flashy person)*
mal *adv* badly; **mirar —** to look at disapprovingly; *m* bad, evil
malcriado ill-bred
maldición curse
maleta suitcase
maletín *m* case
malévola malevolent
malicia malice
malicioso malicious
maligno evil
malintencionado ill-disposed
malo bad
maltrecho damaged
mandar to send
manejar to drive; to handle
manera way; **de — que** so that; **de todas —s** at any rate; **— de ser** character
mano *f* hand; **tomar de la — a alguien** to take someone by the hand; **decirles adiós con la —** to wave goodby to them; **juntar las —s** to clasp one's hands
manotazo slap
mantener (ie) to support; to keep; **mantenerse** to stay; to keep
manuscrito manuscript
maña cunning
mañana morning; tomorrow; **pasado —** day after tomorrow; **de la —** in the morning, A.M.
máquina machine
maquinaria machinery
marca: de — mayor outstanding

marco frame

marcha: ponerse en — to start marching

marchar to go; **marcharse de vacaciones** to go away on vacation

marido husband

más more; plus; **— bien que** rather; **no... — que** only; **por — que** however much; **— de** + number more than + number

mascullar *(coll)* to mutter

matar to kill; **— la espera** to kill time

materno maternal

matrimonio marriage

mayor greater; larger; older

mecánico mechanic; **taller —** machine shop

mecanizar to mechanize

médico doctor

medida measure, measurement

medio *adj* & *adv* half; **a —** **abrir** half-open; **en — de** in the middle of; **quitarse de en —** to get out of the way; *mp* means

mediodía *m* noon

meditar to meditate

mejilla cheek

mejor better; **a lo —** most likely, perhaps

melancólico *adj* melancholy

memoria: hablar de — *(coll)* to say the first thing that comes to mind

menos less; **por lo —** at least; **al —** at least

mente *f* mind

mentira lie; **verdad o —** true or false

menudo small

merecer to deserve

merecido just deserts

mérito merit

mero mere

mes *m* month; **a los cuatro meses de estar aquí** after being here four months

mesa table

metáfora metaphor

metal *m:* **vil —** money

meteoro meteor

meter to put, place; **— la pata** to stick one's foot in one's mouth; **meterse** to butt in; **— en la cama** to get into bed

metido involved

mexicano *adj* & *n* Mexican

mezcla mixture

mezclar to mix

mezquino petty

miedo fear; **tenerle — a (algo)** to be afraid of (something)

mientes *fpl* mind; **pasársele por las —** to go through someone's mind

mientras while; **— que** while

militar *adj* military

mirada glance

mirado: bien — well thought of

mirar to look at; **— mal** to look at disapprovingly

misa mass; **libro de —** missal

mismo same; very; self; **allí —** right there

misógino misogynist, woman hater

misterioso mysterious

mitad half

moco mucus; **llorar a — tendido** to cry like a baby

moda style; **a la — italiana** in the Italian style

modesto modest

modo way; manner; **de — que** so that; **de todos —s** at any rate; **malos —s** bad manners, lack of courtesy

modorra drowsiness, heaviness

modoso quiet; well-behaved

molestar to bother

molestia annoyance

momentáneo momentary

momento moment

monja nun

mono monkey

montar(se) to get on

montón *m* pile; **a —es** *(coll)* in abundance

morisqueta Moorish trick

mostrador *m* counter

mostrar (ue) to show

motivo motive

moto *f* motorcyle (short form of **motocicleta)**

motocicleta motorcycle

mover (ue) to move

movilizable movable

movilizar to mobilize

movimiento motion; **poner en —** to put into motion

muchacho boy

muchachote *m* big boy

mucho much, a lot

muerto *pp* & *adj* dead; **pasar las horas —as** to spend hours on end; **estar — de sueño** to be very sleepy, dead tired; **— de sed** dying of thirst; **— de hambre** *n* a penniless person

mujer *f* woman; wife

muladar *m* dunghill

mundial *adj* world

mundo world; **todo el —** everyone; **correr —** to travel

nacer to be born

nacionalidad nationality

nada *adv* not at all; *pron* nothing; anything; **aire de —** nonchalant attitude

nadie no one; anyone; **— más** nobody else

narrador *m* narrator

naturalidad naturalness

neblina light fog

nebuloso cloudy, misty

necesario necessary

necesidad necessity

necesitar to need

necio stupid

negar (ie) to deny; **negarse a +** *inf* to refuse + *inf*

negocio(s) business

negrilla bold type

negro black

nene (-a) *m* & *f (coll)* baby

nervioso nervous

ni neither; nor

niebla mist

ninguno *adj* no; any; *pron* no one

niñería childishness

niño (-a) *n* little child

noche *f* night; **por la —** at night; **de la — a la mañana** overnight

nodriza wet nurse

nombrar to name

nombre noun; name

norte *m* north

notar to note; to notice

noticia news; **— bomba** sensational news

novedad news

novela novel

novelería novelty

novelero gossipy; fond of novelty

noviazgo courtship

nuca nape of the neck

nudo knot
nuevo new; de — again
nunca never
nutrir to nourish

obcecar to blind
obligación obligation
obligar to obligate; to force
obrero worker
obsequiar to present, give (a present)
obstáculo obstacle
obstinación obstinacy
obtener (ie) to obtain
ocasión occasion; opportunity; dar — to give an opportunity
ocasionar to cause
ociosidad idleness
ocultarse to be hidden
oculto hidden
ocupación business
ocupar to occupy
ocurrir to occur, happen
odio hate, hatred
ofenderse to be offended
oficial m worker, employee
oficina office; — de correos post office; — de policía police station
oficio occupation; service
oficioso accommodating, obliging
ofrecer to offer
oído ear; inner ear
oír to hear
ojalá interj would to God
ojeada glance; echar una — to glance
ojo eye; no pegar (el) — not to sleep a wink
olvidar to forget; olvidarse de to forget
omisión omission

omitir to omit
ómnibus m bus
operación operation
opinar to think
oponerse a to oppose, be against
oportunidad opportunity
oportuno witty
oposición opposition
optar to choose
opuesto opposite
oración sentence
órdago: de — (coll) real; big
orden m order; por el — of the sort
ordenar to order
orgía orgy
orgulloso proud
origen m origin
oropel m tinsel; glitter; something made of fake gold
oscuro dark; gloomy
ostentación ostentation, bragging; show
ostentar to show off
otorgar to grant, confer
otro other, another; al — día the following day
oveja sheep
ovejuela sheep; young ewe

paciencia patience
pacotilla: hacer la — (coll) to make a cleanup
padecer to suffer
padre m father; mpl parents
paella rice dish prepared with meat and/or seafood and vegetables
pagar to pay, pay for; to repay, return; pagarse to make a show

país *m* country

pajarillas: alegrársele las — to give oneself illusions

pájero bird; *(coll)* dandy, flashy dresser

palabra word; sacarle una — más to get another word out of him; cruzarse —s to exchange words

paladeo tasting

paliativo palliative

pálido pale

palma palm

palmada slap

palurdería group of rustics

pamplina nonsense

pan *m* bread; con tu — te lo comas it's your funeral

panegírico panegyric, oration in praise of a person or thing

pantalón *m* pants; *mpl* pants

pantomima pantomime

pañuelo handkerchief

papel *m* paper

papilla: hecho — smashed to bits

paquete *m* package

par *m* pair, couple; sin — peerless

para for, to; by; — + *inf* in order + *inf;* — que in order that

parada stop

paralelo parallel

parar to stop; para el carro *(coll)* hold your horses

parecer to seem; ¿Qué te parece? What do you think?; parecerse a to resemble

parecido similar

pareja couple, pair; en — in a couple, as partners

parroquiano customer

parte *f* part; place; en todas —s everywhere; por su — on his part; la mayor — most, the majority; en gran — largely

participar to participate; — de to share

partida de caza hunting party

partido match

pasado *adj & n* past; — mañana day after tomorrow; verano — last summer

pasaje *m* passage, fare

pasar to pass; to spend (time); to happen; — las vacaciones to spend vacation; — las horas muertas to spend hours on end; — a + *inf* to go on + *inf;* hacer — to invite in; pasarse to get along

pasearse to take a walk

paseo stroll, walk; dar un — to take a stroll

pasillo corridor; por el — adelante down the corridor

pasión passion

pasmo wonder

paso step; de — passing through; in passing; a cada — at every step; salir del — to get out of a difficulty

pata foot; paw; meter la — to stick one's foot in one's mouth

patada kick

patético pathetic

patria native country

patrón (-a) owner

pava turkey hen

pechar con to assume, take responsibility for

pedazo piece; hacer —s to break to pieces

pedir (i) to ask for

pegar to fasten; to stick, glue; to

hit; to let out (shouts); **no —
(el) ojo** not to sleep a wink
peinado hairdo
peinar to comb
pelagatos *ms (coll)* insignificant
person
pelambrera thick hair
pelandusca prostitute
película movie
peligro danger
peligroso dangerous
pelma *m* tiresome person
pelmacería something slow-mov-
ing; dull
pelo hair
peluquería barbershop; beauty
parlor
peluquero barber, hairdresser
pena trouble; **valer la —** to be
worth the effort; **no valer la —**
not to be worth the trouble;
valer la — + *inf* to be worth-
while **+** *inf,* worth **+** *ger;*
darle — a alguien to grieve;
a duras —s with great difficulty
pensamiento thought
pensativo pensive, thoughtful
pensar (ie) to think; **— en** to
think of, about; **— +** *inf* to
intend **+** *inf;* **—lo mejor** to
think better of it
penumbra semidarkness
peñasco rock
peón *m* laborer; farmhand
pequeño small
percatarse de to notice
perder (ie) to lose; to miss (a
bus)
¡perdón! pardon me!
perdonar to excuse, pardon, for-
give
peregrino strange

perentorio peremptory
perfección perfection
perfecto perfect
perfidia perfidy, treachery, dis-
loyalty
periódico newspaper
peripecia peripeteia, sudden
change in fortune
perjudicar to harm
perla pearl
permitir to permit, allow
pernicioso pernicious
pero but
perplejidad perplexity
perro dog; **— viejo** *(coll)* wise
old owl
persecución pursuit
perseguir (i) to pursue
persistente persistent
persona person
personaje *m* character
personalizar to make personal
personarse to present oneself
perspectiva prospect
persuadir to persuade
pertenecer to belong
pertinente pertinent
pesado tiresome
pesar to weigh; **a — de** in spite
of, regardless of
pescado fish, seafood
peseta Spanish monetary unit
piadoso pious
pico beak
pie *m* foot; **no tener —s ni cabeza** not to make sense; **poner
—s en polvorosa** *(coll)* to take
to one's heels
piedad pity
piedra stone
pierna leg
pila battery
pillo rogue

pinta spots, markings

pintar to paint

pintura paint

pisar to step, tread on; — **fuerte** to walk with great assurance

pitar to whistle; **salir pitando** to leave hastily

placer *m* pleasure

plaza square

pliego sheet (of paper)

pobre poor; unfortunate

poco little, few; — **a** — little by little

poder (ue) to be able to; **hasta más no** — as much as possible; *m* power

poderoso powerful

podrido rotten

poema *m* poem

polaina legging

polarizar to polarize

policía police

polvo dust

polvoroso: poner pies en polvorosa *(coll)* to take to one's heels

pomada pomade, cream

ponderar to ponder; to exaggerate; to praise to the skies

poner to put; — **al tanto** to inform; — **la vista en** to put one's sights on; **ponerse** to get; to become; —**se en contacto** to come in contact; —**se en marcha** to start moving; —**se a tono** to give onself class; —**se en relaciones** to become engaged; —**se a** + *inf* to begin + *inf*

pontificar *(coll)* to pontificate, say in a pompous manner

por by, for, through; — **fin** finally; — **la calle** in the street;

— **supuesto** of course; — **lo menos** at least; — **cierto** certainly; — **mucho que** + *subj* however much + *v;* — **qué** why

porfía obstinacy, stubbornness; **a** — in competition

portarse to behave oneself

portátil portable

portazo slam of a door

poseer to possess, own

posibilidad possibility

posible possible

posición position

postergar to postpone

postre *m* dessert

potencial *m* conditional tense

potentado potentate

potente powerful

poza puddle

práctico practical

prado meadow

precario precarious

preceder to precede

precio price

preciosidad beautiful thing

precioso precious

precipitado precipitous

precipitarse to throw oneself headlong

preciso precise

preferir (ie, i) to prefer

pregonar to announce publicly; to proclaim

pregunta question

preguntar to ask (a question)

premio prize

prenda gift, talent

prendarse to fall in love

preocupación preoccupation, worry

preocuparse to worry

preparar to prepare

presencia presence
presenciar to witness, to be present at
presentar to present; to introduce; **presentarse** to appear
presente *m* present; — **de indicativo** present indicative; — **de subjuntivo** present subjunctive
prestar to lend
prestidigitador *m* prestidigitator, sleight-of-hand artist
prestigio prestige; fascination
presumido vain
presumir de to show off
pretender to claim
pretendiente *m* suitor
pretensión pretension; pursuit; effort
prevalecer to prevail
prevenir (ie) to warn
prever to foresee
primavera spring
primer (-o, -a) first
primo (-a) cousin
principio beginning; **al —** at first, at the beginning
prisa hurry, speed, haste; **de —** quickly; **a toda —** with the greatest speed; **darse —** to hurry, hurry up; **tener —** to be in a hurry
privar to deprive; **privarse de +** *inf* to give up + *ger*
probar (ue) to prove
problema *m* problem
procedente coming, originating
proceder de to come from
proclamar to proclaim
procurar to try; to obtain
pródigo prodigal
producir to produce; **producirse** to happen
profesor *m* professor

prófugo fugitive
profundidad depth
profundo profound; deep
profusión profusion
progenitor *m* progenitor, father
prójimo fellow man
prolongar to prolong
promesa promise
prometer to promise
pronosticar to prognosticate, foretell
pronto quickly; soon; **de —** suddenly; **por lo —** for the present; **al (primer) —** right away
pronunciar to pronounce; to say
propio own; self; — **de** befitting
proponer to propose
propósito purpose; **a este — on** this subject; **a — de** apropos of, about
proseguir (i) to continue
próspero prosperous
prostituta prostitute
protesta protestation
protestar to protest
provecho: **de —** useful
provocar to provoke
proyecto project
prudente prudent, wise
prueba test; proof; **puesto a —** put to the test
publicar to publish
público public
pueblerino *adj* small town
pueblo town
puerta door
pues *adv* well; then; *conj* for
puesto que since
pugna struggle; conflict
pulido polished, clean
pulmón *m* lung
punta: **sacar — a** *(coll)* to give a malicious twist to

punto point; **tocar al —** to reach the point; **— de vista** viewpoint

punzada prick

puñado handful

puñal *m* knife

puñalada stab wound

puñetazo punch

puño fist

puro pure

que that; **con —** so; than; (in comparisons); **¡qué!** what! what a! **por qué** why; **lo —** that which, what; **el —** he who, the one who; **lo — sea** whatever it may be

querer (ie) to want; **— decir** to main; **—se callado** to keep quiet; **—se con** to keep; to take

quehacer *m* task

queja complaint

quejarse to complain

querer (ie) to want; **— decir** to mean; **quieras que no** whether you like it or not

querido dear, beloved

quien who, he who; **a —** whom; *pl* who, those who

quieto still; calm

quimera chimera, illusion

quitar to remove, take away; **quitarse** to withdraw; **Quítate allá.** Don't tell me. **quitarse de en medio** to get out of the way

quizás perhaps

rabiar to rage

ráfaga burst

raíz: a — de right after

rápido rapid

rapto kidnapping

raro odd, strange

rascar to scratch

rasgos *mpl* features

rato while, short time

raya stripe; **tener a alguien a —** to hold someone at bay

razón *f* reason; **tener —** to be right

razonable reasonable, sensible

razonamiento reasoning

reacción reaction

realidad reality

realizar to realize, fulfill

reaparecer to reappear

rebaja reduction

rebajar to lower

recado message

recapitular to recapitulate; to repeat

recatado cautious, circumspect

receloso suspicious, distrustful

recibir to receive

recién llegado newly arrived

reclinar to lean

recobrar(se) to recover

recomendar to recommend

reconfortar to comfort

reconocer to recognize

reconocimiento recognition; gratitude

recordar (ue) to remember

recorrer to cross; to go over; look over

recreo recreation

recuerdo memory

recuperar to recover

recursos *mpl* resources

rechazar to reject, refuse

rechazo rebound

redil *m* sheepfold

redimir to redeem

redomado sly, crooked

referirse a (ie, i) to refer to
reflejar to reflect, show
reflexión reflection
reflexionar to reflect, meditate
reflexivo reflective
reforzar (ue) to reinforce
refugio refuge
refutar to refute
regalarse to give oneself (a present)
regar to sprinkle
regla rule
regodeo pleasure
regresar to return
regreso return
reidor *adj* laughing
reina queen
reír(se) to laugh; **—se de** to laugh at
relación relation, relationship; **poner en—** to relate; **ponerse en —es** to become engaged
relato story
reluciente shiny
relucir to shine
remediar to help; to prevent
remedio remedy; help, recourse; **no tener más — que** + *inf* to have nothing to do but + *v;* **no tiene (hay) remedio.** It's hopeless. It can't be helped. **sin —** unavoidable; hopeless
remoto remote
remover (ue) to stir up
repasar to look over, go over
repaso review
repeluzno *(coll)* chill
repentino sudden
repetición repetition
repetir (i) to repeat; **repetirse** to repeat to oneself
repleto filled
replicar to answer

reponerse to recover
reprochar to reproach
reproducir to reproduce
repugnar to disgust
rescate *m* ransom
resentimiento resentment
reserva reservation; reserve
reservado *pp* & *adj* reserved
resignarse to resign oneself
resistir to resist; **resistirse** to resist, offer resistance
resolver (ue) to resolve; **— en** to turn into; **resolverse** to resolve oneself
respaldo back
respecto respect; relation; **(con) — a** regarding; **(con) — de** regarding; **en este —** in this respect
respetar to respect
respeto respect, consideration
respirar to breathe
resplandor *m* brilliance, radiance
responder to answer
responsabilidad responsibility
respuesta reply
restar to remain, be left
restituir to restore
resto rest
resuelto resolute; quick
resultado result; **dar buen —** to do well
resultar to turn out (to be)
resumen *m* summary; **en —** in summary, in a word
reticencia half-truth
reticente reticent; deceptive
retoque *m* finishing touch
retrete *m* toilet
retribuir to repay
reunión meeting, gathering
reunir to gather; to bring together

revelación revelation
reventado de cinchar dead tired
reventar (ie) to burst out
reverenciar to revere
revuelo disturbance
revuelto *pp* mixed up; turned upside down
rey *m* king; **hecho un —** like a king
ribete *m* touch, embellishment
ricamente comfortably
rico rich; delicious
rincón *m* corner
riñón: tener bien cubierto el — *(coll)* to be well-heeled
risa laughter
risotada boisterous laugh; **soltar una —** to let out a laugh
rivalidad rivalry
rizoso curly
robar to steal
robo theft
rojo red
romper to break; **— a llorar** to break out crying
ropa clothes
rubio blond
rúbrica official red tape
rueda: hacer la — (frente) a *(coll)* to play up to
ruido noise
ruina ruin, wreck
rumiar to ruminate, meditate
rústico *adj* & *n* rustic; farmer
rutina routine

saber to know; **— + *inf*** to know how to
sabroso savory; agreeable
sacar to take out; to find out; to take away; **— el jugo a** to get the most out of; **sacarle una palabra más** to get another word out of him; **— punta a** *(coll)* to give a malicious twist to; **— de tino** to exasperate; to astound; **— la cuenta** to add up the bill; **sacarse** to take off
sacrificarse to sacrifice oneself
sacristía sacristy
sacudir to shake
sacudón *m* jerk
sádico sadistic
sala hall
salida exit
salir to leave, go out; to turn out, come out; **— del sueño** to wake up; **— pitando** to leave hastily
salmantino *adj* & *n* from Salamanca
salto jump
salud *f* health, welfare
saludar to greet
salvo *prep* except; *adj* safe; **a — de** safe from
saneado unencumbered
sarcástico sarcastic
satisfacción satisfaction
satisfacer to satisfy
satisfecho *pp* & *adj* satisfied
secreto *adj* & *n* secret
sed *f* thirst; **muerto de —** dying of thirst
seducir to tempt; to seduce; to captivate
segregar to segregate
seguida: en — immediately
seguir (i) to continue; to follow
según according to (what)
seguridad certainty; safety; assurance
seguro sure; **estar —** to be sure; **a buen —** surely; **de —** surely
sellar to seal; to close

sello stamp
semana week
semejante similar; **cosa —** such a thing
sencillo simple
sendos *pl adj* one each, one to each
sensacional sensational
sensato sensible
sentado: dar por — to consider as settled
sentar (ie) to seat; **sentarse** to sit down
sentido meaning; sense; **los cinco —s** the five senses; **tener —** to make sense
sentir (ie, i) to feel; to sense; to regret
señal *f* sign
señalar to point at
señor *m* sir; Mr.; gentleman; **Señor** Lord
señora Mrs.; lady
señorita miss
señorito master; young gentleman
señuelo bait
separar to separate
ser to be
serenidad serenity
serio serious; **en tono —** in a serious tone
servicial accommodating, obliging
servicio service
servir (i) to serve; **— para** to be good for
sesión session
seso: tener sorbido el — a to be madly in love with
sevillano (-a) *adj & n* Sevillian
sexo sex; **el otro —** the opposite sex

si if
sí yes; himself, herself, yourself, themselves; **— que** certainly
siempre always
siesta nap
siglo century
significar to mean
siguiente following; **al día —** (on) the following day
silencio silence
silencioso silent
sillín *m* saddle
sima abyss
simpático nice
simultáneo simultaneous
sin without; **— embargo** however
sincerarse to vindicate oneself
sinceridad sincerity
siniestro sinister
sino but; **— que** *conj* but
sinsabor *m* displeasure
sinvergüenza *mf (coll)* scoundrel, shameless person
siquiera *adv* at least; **ni —** not even
sitio place
situación situation
so under
sobrante extra, left over
sobrar to be left over
sobre *prep* about; on; over; **— todo** above all; *m* envelope
sobresaliente outstanding
sobresaltado startled
sobrino nephew
sociología sociology
solar *m* vacant lot
solas: a — alone
soler (ue) + *inf* to be accustomed to **+** *ger*
solicitar to court; to apply for
sólido solid

solo *adj* alone; single; **a solas**
alone; *adv* only
soltar (ue) to loosen; to let go;
— **una risotada** to let out a
laugh
soltura freedom; ease
sollozar to sob
sombra shadow
sombrío somber
someter to submit
sonambúlico sleepwalking, som-
nabulistic
sonar (ue) to ring
sonreír to smile
sonrisa smile
soñar (ue) con to dream about
soportar to bear; to endure
sorber: tener sorbido el seso a
to be madly in love with
sorbo swallow
sordo silent
sorprender to surprise
sortijón *m* large ring
sosiego calm
sospecha suspicion
sospechoso suspicious
sostener (ie) to sustain
subir to lift up; to get onto
subjuntivo subjunctive; **imperfecto de** — imperfect subjunctive; **presente de** — present
subjunctive
subrayar to emphasize
suceder to happen
sucio dirty, filthy
sucursal *f* branch, subsidiary
suegra mother-in-law
suelo ground; floor; **por los** —s
cast aside, out of favor
suelto loose; free
sueño sleep; dream; **salir del** —
to wake up; **estar muerto de** —
to be very sleepy, dead tired

suerte *f* luck; **por** — luckily
suficiente sufficient
sufijo suffix
sufrimiento suffering
sufrir to suffer
sujeto *n* fellow; *adj* fastened
suma: en — in short
superioridad superiority
suplicar to beg
suplicio torture
suponer to suppose
supuesto supposed; **por** — of
course
surgir to arise
suspender to suspend; to postpone
suspiro sigh
sustitución substitution
sustituir to substitute
susurrar to whisper

taberna tavern
tal such, such a; — **o cual** such
and such a; **un** — a certain;
el — **(Vicente)** that fellow
(Vicente); **como si** — **cosa** *(coll)*
as if nothing had happened
taller *m* shop; — **mecánico** machine shop
también also, too
tampoco neither
tan so, as; —**...como** as...as
tanto *adj* as much, so much;
— **como** as much as; **hasta** —
until; — **más, cuanto más...**
so much the more, the more...;
por lo — therefore; *n* a little
bit; **estar al** — to be informed;
poner al — to inform
tapar to cover up
tarabilla *(coll)* jabber
tardanza delay
tardar to delay

tarde *adj* late; *f* afternoon; **de la —** in the afternoon, P.M.; **por la —** in the afternoon
tarea task
técnica technique
técnico technician
telaraña cobweb; **tener —s en los ojos** to look without seeing
telefonear to telephone
telefónico *adj* telephone
teléfono telephone
telégrafo telegraph
tema *m* theme, subject; **cambiar de —** to change the subject
tembloroso trembling
temer to fear
temerario reckless
temible fearful, dreadful
temperamento temperament
templar gaitas to humor someone
temporada period of time
temprano early
tender (ie) to stretch out; to hand; **— una trampa** to set a trap
tener (ie) to have; **—... años** to be... years old; **— cuidado** to be careful; **— ganas de + *inf*** to want to + *inf*; **tenerle miedo a algo** to be afraid of something; **no — nada en contra** to have nothing against; **— que** to have to; **—razón** to be right
tenso tense
terciar to take part, intervene
terminar to end, finish; **— de + *inf*** to finish + *ger*; **— por + *inf*** to end up by + *ger*
término term
terraza terrace
tertulia social gathering of peo-

ple who meet in order to converse
tesoro treasure
tiempo time; tense (of verb); **a —** at the right time; **al mismo —** at the same time; **hacer —** to kill time
tienda shop, store
tierno tender
tierra earth, ground
tieso stiff
tildar to brand
timbre *m* bell
tino: sacar de — to exasperate; to astound
tinto red wine
tiparrajo ridiculous, contemptible person
tipo *(coll)* fellow; build
tirada: de una — at one stretch
tirar to throw; to pull; **tirarle de la lengua a alguien** to get someone to talk; **tirarse** to throw oneself; to give oneself over; to jump
tirio Tyrian; **—s y troyanos** proponents of opposing viewpoints
títere *(coll)* whippersnapper
tocar to touch; **— al punto** to reach the point
todavía still, yet; **—no** not yet
todo *adj* all; **— el mundo** everyone; *pron* everything; **después de —** after all; **hay de —** there are all kinds; **sobre —** above all; *pl* everyone
tomar to take; **— de la mano a alguien** to take someone by the hand; **— el aire de** to take on the appearance of; **tomarse** to drink
tono tone; **en — serio** in a

serious tone; **ponerse a —** to give oneself class

tontería foolishness

tonto stupid, foolish

torcido twisted

total *adv* in a word

traba obstacle

trabajador *m* worker

trabajar to work

trabajo work; **costar —** to be difficult

traer to bring

tragar(se) to swallow

trágico tragic

trago swallow

traición treachery, betrayal

traidor *m* traitor

trampa trap; **tender una —** to set a trap

tranquilidad tranquility

tranquilizar to tranquilize, calm

transcurrir to pass

tranvía *m* streetcar

tras after; **— de** behind

trasnochado haggard

tratado treaty

tratar to treat; **— de +** *inf* to try to + *inf;* **— con** to deal with; **tratarse de** to be a question of

trato treatment; friendly relations

través: a — de through, across

travesura sprightly conversation

traza scheme

tremendo tremendous; terrible

tren *m* train

trillado beaten

triste sad

triunfar to triumph

triza: hacer —s to smash to pieces

tropezar con to come upon, meet

troyano Trojan; **tirios y —s** proponents of opposing viewpoints

trueque: a — de in exchange for

turbio troubled

turulato *(coll)* stunned, dumfounded

u or (before /o/)

ufano proud, boastful

último last; latest; **por —** at last, finally

único only; unique; **hijo —** only child

uña fingernail

urgente urgent

usar to use

usurpador (-a) usurping

útil useful

vacaciones *fpl* vacation; **estar de —** to be on vacation; **marcharse de —** to go away on vacation; **pasar las —** to spend vacation

vacilante vacilating

vacilar to vacilate, hesitate

vacío empty

vago vague

valer to be worth; **más vale** it's better; **no— la pena** not to be worth the trouble

válido valid

valija suitcase

valor *m* courage; *pl* securities, valuables

vanidoso vain

vano vain

varios several

vaso glass

vejación vexation

velar to hold a wake over

velo veil

velocidad velocity, speed; **a toda — ** at full speed

velorio wake

vendado blindfolded

vendaje *m* bandage

veneno poison; fury, **hecho un — ** furious

venezolano Venezuelan

venganza revenge

vengarse to get revenge

venir **(ie)** to come; **el año que viene** next year

ventaja advantage

ventana window

ver to see; **a — ** let's see; **hasta más — ** until later

verano summer

veras: **de — ** really

verbo verb

verdad truth; **es — ** it is true; **— a medias** halftruth; **— o mentira** true or false; **cantarle las —es a alguien** to tell someone off

verdadero real

verde green

vergüenza shame

verosímil likely, probable

vestíbulo lobby

vestido dress, clothing

vestir(se) to dress

vez time; **una — ** once; **dos veces** twice; **a su — ** in turn; **otra — ** again; **de — en cuando** from time to time; **varias veces** several times; **alguna que otra — ** once in a while; **de una — ** once (and) for all: **a veces** at times; **cada — más...** more and more ... ; **la de veces** the many times

viajar to travel

viaje *m* trip; **hacer un — to** take a trip

víctima victim

vida life; **llevar una — ** to lead a life; **echarse a la mala — to** become a prostitute

vidrio glass

viejo *adj* old; *n* old man; *mpl* old people

viento wind; **beberse los —s por alguien** to court diligently; to turn everything upside down for

vil base; **— metal** money

vilo: **en — ** up in the air

violento violent

virginidad virginity

virtuoso virtuous

visillo window shade or curtain

visitar to visit

vislumbrar to glimpse

viso gleam, glimmer; appearance

vista view, sight; **bajar la — ** to lower one's eyes; **de — ** by sight; **echar la — encima** to set eyes on; **estar a la — ** to be evident; **poner la — en** to put one's sights on; **punto de — ** viewpoint

visto *pp* & *adj* seen; **por lo — ** evidently

vistoso flashy

viuda widow

vivaracho *(coll)* lively

vivaz vivacious

vivir to live

vivo living, alive; **en carne viva** raw, with the flesh exposed

volador (-a) flying, swinging

volar (ue) to fly away

voluble voluble, changeable

voluntad will; **fuerza de — ** will power

volver (ue) to return; — **a** + *inf* *inf* + again; — **loco** to drive crazy; **volverse** to turn around; **volverse loco** to go crazy

voraz voracious

voz *f* voice; **en — alta** aloud

vuelo: levantar el — to take flight

vuelta: billete de ida y — round-trip ticket; **dar media —** to turn around; **dar —s** to keep going over the same subject; **dar(se) una —** to take a walk; to make a short visit to a city or country; **de —** back; **estar de —** to be back; **viaje de —** return trip

vulgaridad vulgarity

y and

ya already; now; then; right away; indeed; — **no** no longer

yacer to lie

yerno son-in-law

zanja ditch

zapato shoe

zas *interj* bang

SELECTED BIBLIOGRAPHY

Ayala's Narrative Works

Tragicomedia de un hombre sin espíritu. Madrid: Industrial Gráfica, 1925.

Historia de un amanecer. Madrid: Editorial Castilla, 1926.

El boxeador y un ángel. Madrid: Cuadernos Literarios, 1929.

Cazador en el alba. Madrid: Ediciones Ulises, 1930.

El Hechizado. Buenos Aires: Emecé, 1944.

Los usurpadores. Buenos Aires: Editorial Sudamericana, 1949.

La cabeza del cordero. Buenos Aires: Editorial Losada, 1949.

Historia de macacos. Madrid: Revista de Occidente, 1955.

Muertes de perro. Buenos Aires: Editorial Sudamericana, 1958. (*Death As a Way of Life*. Translated by Joan MacLean. New York: Macmillan, 1964.)

El fondo del vaso. Buenos Aires: Editorial Sudamericana, 1962.

El As de Bastos. Buenos Aires: Sur, 1963.

Mis páginas mejores. Madrid: Editorial Gredos, 1965.

De raptos, violaciones y otras inconveniencias. Madrid: Alfaguara, 1966.

Obras narrativas completas. Mexico City: Aguilar, 1969.

Critical Studies

Amorós, Andrés, "Prólogo" to Francisco Ayala, *Obras narrativas completas*. Mexico City: Aguilar, 1969. Pp. 9–92.

Ayala, Francisco. "Introducción" to *Mis páginas mejores*. Madrid: Editorial Gredos, 1965. Pp. 7–20.

Capouya, Emile. "A Dead Dictator Doubles Them up." *Saturday Review,* June 13, 1964, p. 31.

Ellis, Keith. *El arte narrativo de Francisco Ayala.* Madrid: Editorial Gredos, 1964.

――――. "Cervantes and Ayala's *El rapto*: The Art of Reworking a Story." PMLA, LXXXIV (1969), 14–19.

Embeita, María. "Francisco Ayala y la novela." *Ínsula,* XXII (1967), 4, 6.

Enjuto, Jorge. "Notas sobre el sentido de la obra literaria de Francisco Ayala." *Asomante,* XVI, No. 3 (1960), 31–36.

Marra-López, José R. *Narrativa española fuera de España, 1939–1961.* Madrid: Ediciones Guadarrama, 1963.

Martínez Palacio, Javier. "Tres aspectos en la novelística de Francisco Ayala." *Cuadernos Hispanoamericanos,* LXIII (1965), 291–302.

Rodríguez-Alcalá, Hugo. *Ensayos de norte a sur.* Mexico City: Ediciones de Andrea, 1960.

Sánchez, Alberto. "Cervantes y Francisco Ayala: original refundición de un cuento narrado en *El Quijote." Cuadernos Hispanoamericanos,* LXVI (1966), 133–39.

Sobejano, Gonzalo. "Dos libros narrativos de Francisco Ayala." *Papeles de Son Armadans.* No. 96, March 1964, pp. 343–48.

Soldevila Durante, Ignacio. "Vida en obra de Francisco Ayala." *La Torre,* XI (1963), 69–106.

INDEX TO EXERCISES